講談社文庫

# 忌み地 屍

怪談社奇聞録

福澤徹三｜糸柳寿昭

講談社

本書にはプライベートな情報が含まれています。
個人や物件の特定、興味本位の干渉はご遠慮ください。

# 目次

怪談社奇聞録
忌み地
屍

# まえがき

怪談社とは糸柳寿昭と上間月貴の両名を中心に怪談実話を蒐集し、トークイベントの開催や書籍の刊行をおこなう団体である。

本書は糸柳と上間が取材した体験談を、わたしが怪談実話として書き起こすという構成をとり、シリーズはこれで四巻目となる。

長かったコロナ禍が収束の兆しを見せ、行動制限のない日常がもどってきた。今年五月八日、新型コロナウイルス感染症は感染症法上の位置付けが、それまでの「2類相当」から「5類感染症」に移行された。

今後も大きな流行の可能性はあるものの、ひとまず行動制限が解除されたことで、怪異の体験者を集めての取材や怪談会の開催など、怪談社は取材の幅が広がった。

シリーズ四巻目の本書では、コロナ禍のあいだ動画配信に注力していた上間の取材活動が顕著である。糸柳は前巻のような出たとこ勝負の飛びこみ取材をひかえ、怪異の体験者からの聞きとりに重点を置いた。

もっとも怪談実話の取材は、ギャンブルとおなじで運に左右される。綿密な計画をたてて取材にいったり、大人数を集めたりしたところで、珍しい話が聞けるとは限らない。体験者にとっては忘れられない体験であっても、読者のことを考えると、ありきたりな話は収録を見送らざるを得ない。

しかし、ありきたりということは、おなじような体験をした人物が多いわけだから怪異が実在する証左でもある。怪談社の両名とわたしは超自然的な現象について肯定も否定もしないスタンスなので、それを覆（くつがえ）すことはいえない。が、おなじ場所でおなじような体験をした人物は実に多い。

本書ではそのなかでも、なるべくありきたりでない話を選んで構成している。ありきたりに感じられたら、なにとぞご寛恕（かんじょ）を。

怪異が起きる土地、怪異が起きる家や建物。

すなわち「忌み地」を、これからご案内する。平凡な日常にふと顔を覗かせる怪異の数々を、ご堪能いただければ幸甚（こうじん）である。

# 竜宮洞穴（りゅうぐうどうけつ）

二十年ほど前、糸柳が大阪に住んでいたころ、Aさんという知人がいた。

Aさんは会社の営業部に所属し、妻と二歳の娘と大阪市内のマンションで暮らしていた。彼はまじめな性格とあって、家計をすこしでも楽にしようと会社が休みのときは近所の工場でバイトをしていた。

ところが、ある時期から営業でミスが重なり、上司からきびしく叱責（しっせき）されたのがきっかけで、ふさぎこむようになった。糸柳はAさんの妻とも面識があり、ときどき電話で相談をされた。

「うちのひと、めっちゃ落ちこんで会社休んでるねん。辞めるんとちゃうかな」

Aさんはそれでも工場のバイトは続けていたが、ときおり夜中にでかける以外は自分の部屋にこもり、妻との会話も途切れがちになった。

週末のある夜、妻が外出からもどってくると、工場から電話があってAさんが出勤していないという。驚いて夫の部屋に入ると、机の上に地図があった。コンビニでコピーしたらしい地図は、山梨県にある青木ヶ原樹海だった。しかも本棚には一九九三年に刊行され、ミリオンセラーとなった『完全自殺マニュアル』がある。

Aさんは青木ヶ原樹海へ自殺しにいったにちがいない。

妻は糸柳に電話して、夫を捜しにいって欲しいと頼んだ。

「嫁さんもパニクっとったんやろ。ふつうに考えたら、そんなんで見つかるはずないけど、おれも若かったから、ええよ、ていうた」

糸柳はAさん宅にいって、彼の写真とコピーされた地図を受けとった。しかし、さすがにひとりではいきたくないし車もない。糸柳は友人のMさんという男性に連絡した。自営業で明るい性格のMさんは快諾し、彼の車で出発した。大阪から青木ヶ原樹海までは四百キロちょっとの距離である。

青木ヶ原樹海は、平安時代前期の八六四年に発生した富士山の大噴火（貞観噴火）によって流れだした溶岩を土台に形成された原生林で、その広さは三十キロ平方メートルにおよぶ。

糸柳とMさんは現地に着いたが、夜に捜すのは困難だから車中泊し、翌朝から捜索をはじめた。が、広大な樹海の、どこを捜せばいいのかわからない。

コピーされた地図の中心に、竜宮洞穴という場所がある。Aさんがそこにむかったのかさだかでないが、県道沿いに入口があるから近くまで車でいけそうだった。

ふたりは森のそばに車を停めて、竜宮洞穴へ続く道を歩いた。空はよく晴れて陽射しがまぶしい。途中で地元の住民らしいひとびとに何人か会い、Aさんの写真を見せたが、みんなかぶりを振る。

やがてふたりは竜宮洞穴に着いた。

竜宮洞穴は奥行き六十メートルの溶岩洞窟で、入口に水の神である豊玉姫命（とよたまひめのみこと）を祀（まつ）った祠（ほこら）がある。糸柳が洞窟を覗きこんでいたら、Mさんの携帯が鳴った。

相手は交際相手の女性だったが、電波の状態が悪いのか、

「もしもし、もしもし、聞こえる？」

Mさんは何度も聞きかえしてから、首をかしげて携帯を糸柳にさしだした。混線しているという。携帯を受けとって耳にあてると、ざあざあというノイズのなかに甲高（かん）い叫び声のようなものが混じる。

「そのむこうからMさんの彼女の声が聞こえるねん。ぜったいそこやばいで、ぜったいそこやばいで、って——」

まもなく通話は切れた。ふたりは車までひきかえすと、べつの場所へ移動した。

「あの地図見て歩いたら、こっちにいくやろうて思うた」

そこは県道のそばだったが、遊歩道からはずれた樹海だった。苔むした木の根やでこぼこの岩に足をとられつつ歩いていくと、まもなく方向感覚がおかしくなった。

あたりは似たような景色ばかりで、どこへむかっているのか自分でもわからない。背後にあるはずの道路を走る車の音が、前からも横からも聞こえてくる。

「3Dサラウンド状態やねん。これで道に迷うんやなと思うた」

携帯はあっても、GPSは普及していない時代とあって方向がわからない。時刻はまだ昼前で空は晴れているのに、樹海のなかは夕暮れのように暗い。景色は代わり映えしないが、あきらかに場ちがいなジャケットや下着が地面に落ちているのが不気味だった。

「手帳とかリュックも落ちとったけど、とにかくパンの袋が多かったな」

生い茂った木々には道しるべのような白いテープが張ってあったり、枝からロープがさがっていたりする。はじめは元気にしゃべっていたMさんはむっつり押し黙り、糸柳も気分が沈んできた。

ふたりはあやうく遭難しかけながらも、なんとか樹海を抜けだし車にたどり着い

た。糸柳は安堵したが、Mさんはまだ暗い表情で、

「樹海に変な女がおったっていう。後ろを見たり横をむいたりしたら、女が木のあいだを、さっと横切るていうとった」

糸柳は目の錯覚だろうといったが、Mさんは真顔で怖がっていた。

その夜、Aさんの妻から電話があって夫が帰ってきたという。Aさんは兵庫県の有馬温泉に泊まっていたと聞いて、糸柳はあきれたが、

「まあ無事でよかったね、で終わり」

Aさん夫婦には青木ヶ原樹海でのことは話さなかった。

翌年、Aさんは実際に青木ヶ原樹海へいった。そこで命を断つつもりだったが、作業着姿の中年男性の遺体を発見し、その無惨な姿に恐れをなして自宅にもどった。

「遺体がグロすぎて、もう自殺は考えんていうとった」

Aさんにどこで遺体を見つけたのか訊くと、竜宮洞穴のそばだと答えた。

# 火葬場に続く坂道

昨年の五月、上間はHさんという男性から、こんな話を聞いた。

Hさんの実家は北海道の田舎町で、これといって娯楽がない。それだけに若者たちは車で一時間ほどかけて函館へ遊びにいく。函館とのあいだには事故が頻発する峠があって、地元では夜通るのは危険だといわれていた。

ある夜、Hさんは彼女とドライブがてら函館へ遊びにいった。帰りに彼女を自宅へ送り届けて峠にさしかかると、いつもはすんなり通れる交差点の信号が赤になっていた。誰かがボタンを押したのだろうが、横断歩道にひとの姿はない。

やがて信号が青になったとき、ルームミラーに人影が映った。信号の光のせいか、青い顔の女がルームミラーのなかからこっちを見ている。

Hさんは悲鳴をあげてアクセルを踏みこむと、猛スピードで車を走らせた。怖くて後部座席が見られない。車はトンネルを抜け、急カーブに入った。

次の瞬間、Hさんはわれにかえってブレーキを踏んだ。そのままのスピードで走っていたら、崖から転落するところだった。恐る恐る後部座席に眼をやると、女はいなかった。が、この峠で事故が頻発する理由がわかった気がした。


Hさんは中学生のころにも奇妙な体験がある。

ある夜、Hさんはこっそり家を抜けだして友だちと自転車で遊びにいった。田舎町とあって人家や街灯はすくなく、暗い場所が多い。ふたりは駅前をぶらついたあと、坂道の上にある高校へむかった。

高校の校門の脇には水銀灯があって明るいので、以前も友だちとそこで時間を潰したことがある。自転車を押しながら坂道をのぼっていくと、白い作業着姿の中年男が脇道からでてきた。坂道に街灯はないのに、男の姿はやけにはっきり見える。

「あれ、人間かな——」

友だちがそうつぶやいたとき、脇道をのぼった先に火葬場があるのを思いだした。

次の瞬間、ばちんッ、と大きな音が響いて、あたりが真っ暗になった。振りかえったら坂道の下の街灯も消えて、なにも見えない。

中年男も消えたが、闇のなかで恐怖はつのる。ふたりは悲鳴をあげると自転車を押しながら必死で坂道をくだり、駅舎の灯り(あか)を頼りに駅前までもどったという。

上間は取材を終えたあと、Hさんたちが中年男を見た坂道を訪れた。近くに住む高齢の男性によれば、火葬場はべつの場所に移転したという。その男性にHさんたちの体験を話すと、

「ああ、そんなことはしょっちゅうあった」

こともなげにいった。

火葬場の職員たちは当時この町に住んでいて、男性とも顔なじみだった。あるとき男性は職員のひとりから、こんな話を聞いた。

朝、火葬場に出勤すると、建物の前でお辞儀をするひとがいる。

「きょうは、よろしくお願いします」

丁寧な口調でそういうから遺族だと思って、あいさつした。しかし、あとから運ばれてきた棺に横たわっているのは、けさあいさつした本人だった。ほかの職員もそんな体験をしており、特に怖がることもなかった。

ある日、その職員は火葬場の前で、こっちへむかってくる女性を見た。女性は楽しげに歌謡曲を歌いながら歩いてきたが、職員にお辞儀をして消えた。

「女房は歌が好きだったから――」

男性の妻が亡くなり、茶毘(だび)に付す朝のことだった。

# Wくんのライン

今年の五月、糸柳は看護師の宜月裕斗さんに会った。

宜月さんは病院勤務のかたわら怪談実話を蒐集し、怪談師としても活躍している。

糸柳はおなじ怪談師でありながら、平気で訊く。

「なんか怖い話ない？」

以下は宜月さんから、そのとき聞いた話である。


Hさんという女性は岩手県で生まれ育った。

実家があるのは熊や鹿が出没する田舎で、飲食店や娯楽施設もなかった。Hさんは高校をでると都内の大学に進み、ひとり暮らしをはじめた。

大学二年の夏休み、彼女は帰省することになった。それをフェイスブックに書いたら、高校の同級生だったWくんから連絡があり、ひさしぶりに会いたいという。

Wくんはまじめで正義感が強く、Hさんと仲がよかった。彼女も懐かしかったので、すぐに承諾した。

帰省した日の夕方、Wくんと会った。しかし喫茶店や居酒屋もない田舎とあって、ゆっくり話せる場所がない。Wくんによると、高校の裏山で大規模な工事がおこなわれており、広場ができたという。

ふたりは裏山に作られた長い階段をのぼり、広場のベンチにかけた。あたりはまだ開発中らしく、削りとられた山肌に重機が見える。

Wくんは地元の大学に通っており、同級生の彼女がいるという。

「卒業したら、彼女とふたりで上京する。だから東京のこと教えて」

Hさんが東京での暮らしを話していたら、

「おい」

野太い男の声がした。

あたりを見まわしたが誰もおらず、隠れられる場所もない。

ふたりは怖くなって広場をでた。急いで階段をおりていたら、

「うわッ」

おい、とまた男の声がしたとおびえているが、Hさんには聞こえなかった。

Wくんが叫んだ。

翌日、Wくんから電話があった。Hさんと別れて帰る途中、足をくじいた。やけに痛むので病院にいったら骨折していたという。

やがてHさんが東京にもどると、Wくんはラインを頻繁に送ってくるようになった。バスに乗っていた女が突然消えたとか、教室の窓の外に手が浮かんでいたとか、はじめは怪談じみたことを書いていた。

そのうち内容が過激になって、きょうも大学サボったとか、誰それがむかつくとか、ネットを炎上させるのが楽しいとか、以前のWくんとは思えないラインを送ってくる。Hさんは不気味に思いながらも適当に返事をしていた。

Hさんは大学を卒業してIT系の企業に就職した。

ある日、ひさしぶりにWくんから電話があって、

「いま東京にいるんだ。急で悪いけど、ひと晩だけ泊めて」

Hさんは残業で帰りが遅いし、朝も早いから困るといったが、Wくんは執拗に泊め

てくれとせがむ。彼女は根負けして、

「ぜんぜん相手できないよ。勝手に泊まって勝手に帰るんなら――」

Hさんは彼に住所を教えると、部屋の鍵を開けたまま出勤した。不用心だが、部屋に金目のものはない。

その夜、遅い時間に帰宅すると、玄関に男物の靴があった。襖（ふすま）を開けて寝室を覗いたら、Wくんがベッドでいびきをかいていた。

襖を閉めてリビングのソファにかけたとき、襖が開く音がした。振りかえるとベッドに腰かけたWくんがこっちをにらんで、野太い声でいった。

「おい」

Hさんはそのまま部屋を飛びだして、マンガ喫茶に泊まった。さっきのWくんは、別人のような顔だった。

翌朝も自宅にもどらず出勤したら、Wくんからラインが送られてきて、泊めてくれてありがとう、と書いてあった。ゆうべのことはおぼえていない様子なので、相手できずにごめんね、と返信した。

Wくんはその後もラインを送ってきたが、眼を通しただけで返信はしない「既読スルー」を続けた。むろん電話にもでないでいると、連絡が絶えた。

Wくんを泊めて一年ほど経ったころだった。

高校の同級生だった男性から電話があって、

「Wって、つきあいある？」

「――ないけど、どうしたの」

「あいつの彼女だってひとから、おれに電話があったんだよ」

彼女によれば、Wくんと東京で暮らしていたが、彼が家出して行方不明になった。

どこにいるのかわからないので、高校の同級生に訊ねまわっているという。

「それはわかったけど、わたしとなんの関係があるの」

「その彼女がさ。Hさんって女のひとを知ってますかって訊くんだよ。同級生でHって苗字はおまえだけだから――」

Hさんは背筋がぞっとした。彼女はすぐにフェイスブックのアカウントを削除すると電話番号も変更し、べつのマンションに引っ越したという。

## K病院まで

昨年十二月の夜、上間は取材のためにJR神田駅でタクシーに乗った。

運転手は年配の男性で愛想がいい。目的地まで二十分ほどかかるから、ここでも取材につなげたい。けれども怖い話や不思議な話を知りませんかといっても、怪訝な顔をされることが多い。

上間はタクシーが信号待ちになったのを見計らって、

「いま電車でユーチューブの怪談を観てたら、タクシーに乗せたお客が消えたって話だったんですが、そんなことってほんとにあるんでしょうか」

運転手はくるりと振りかえって、あるよ、といった。

深夜、運転手のMさんが六本木を流していると、スーツを着たOL風の女が手をあげた。ちいさなハンドバッグをさげた女が乗りこんできたとたん、ふわっと香水の匂いがした。

「K病院まで」

と女にいわれ、Mさんは車を走らせた。

K病院は新宿（しんじゅく）にあるが、時刻は午前二時である。面会のはずはないし、女は体調が悪そうでもないから、なんの用かと思った。やがてK病院に着くと、

「すぐもどるから、ここで待っててください」

女はそういって車をおり、守衛所に警備員がいる門を通って病院の敷地内に入っていった。それっきり、いつまで経ってももどってこない。料金メーターは、かなりの金額になっている。無賃乗車するようには見えなかったが、せめてハンドバッグを置いていってもらえばよかった。

Mさんはそう思って後部座席に眼をやった。シートにはなにもない。念のため車内灯をつけたら、マットの上でなにかが光った。後部座席のドアを開けて確認すると、マットがびしょびしょに濡れて水溜りができている。

失禁したのかと思ったが、ただの水らしく臭いはしない。あの女は、これほど大量の水をどうやって持ちこんだのか。もし意図的に水をこぼしたにせよ、自分に気づかれずにそんなことができるとは思えなかった。

Mさんは車をおりると、守衛所の警備員に声をかけた。

「さっき、ここを通った女のひとなんですが――」

警備員は怪訝な表情で、そんな女は見ていないといった。

Mさんは、あの女が警備員の眼の前を通るのを、たしかに見た。もしかすると、あれは――自分にしか見えていなかったのか。そう思ったら怖くなって仕事を切りあげた。しかし営業所にもどって車両を点検すると、幻覚ではなかった証拠に後部座席のマットは水びたしである。

そんなことがあってから――とMさんはいって、

「よく聞くタクシーの怪談は、ほんとなんだって思ったよ」

# 生首

これもMさんの話である。K病院で姿を消した女の話を聞いているうちに、タクシーは目的地に着いた。上間は料金を支払ってから、

「そんな体験って、ほかにもありますか」

いちおう訊いてみただけで、特に期待はしていなかった。が、Mさんは車を路肩に停めたまま語りはじめた。


その夜、Mさんは浅草(あさくさ)でスーツ姿の中年男と若い女性を乗せた。

男が先に乗りこんできて「鶯谷(うぐいすだに)」といった。浅草から鶯谷までは十数分の距離である。会話からすると、ふたりはおなじ職場の上司と部下らしい。

「女が仕事でミスしたみたいで、男がぶつぶつ文句をいってたね。それはいいんだけど、男が悪い奴でね」

男は女性を叱りながらも上司の立場を利用して、しきりに口説いている。鶯谷にはホテル街がある。Mさんはルームミラーにちらちら眼をやって、ふたりの様子を観察した。女性はあきらかに厭がっているのに、男はしつこく言い寄る。

Mさんは腹がたって、心のなかで女性を応援した。

「がんばれ。負けるんじゃないって――」

やがて鶯谷まできたとき、交差点で信号待ちになった。ルームミラーに眼をやると、迫ってくる男を避けるように女性はドアに身を寄せた。

Mさんはすかさず運転席のレバーをひき、後部座席のドアを開けた。

「失礼します」

女性はそう声をあげると、車をおりて走り去った。

男はばつが悪そうな声で、谷中のほうへいってくれ、といった。Mさんは人助けをした気分になったが、男の不満がこっちにも伝わってくるようで、車内の空気は重苦しい。鶯谷から谷中までは、JRの線路を越えて七、八分である。

Mさんが谷中へむかっていると、不意に男が指示をはじめた。

「そこを入って」

「ここはまっすぐ」

「次を右に」

いわれたとおり進んだら、谷中霊園に入った。谷中霊園は十万平方メートルの広大な墓地である。おびただしい墓石の群れがヘッドライトに浮かぶ。

「ここでいい」

男にそういわれて車を停めた。そこは前後左右を墓石に囲まれていた。男は料金を払って車をおり、どこかへ歩いていった。谷中霊園をでると住宅街だが、こんなところでおりる意味がわからない。

「なんだか薄気味悪くなってね。早くここをでようと思った」

Mさんは急いでいるときの癖で、男から受けとった札を運転席に敷いたクッションとシートのあいだに押しこんだ。

そのあと顔をあげてハンドルを握った瞬間、呆然とした。

フロントガラスのむこう――十メートルほど先に巨大な男の生首が浮かんでいた。ざんばらに乱れた髪で、ぎょろりと眼を剝いている。首から下はなにもなく、顔は車の横幅よりも大きい。

男の生首はすさまじい形相で、こっちへ飛んできた。耐えがたい恐怖に顔を伏せたら、ごおッ、と風を切る音がルーフの上を通りすぎていった。

しばらくして顔をあげたら生首はもういなかったが、怖くてたまらず大急ぎでその場を離れた。あれはなんだったのか、いまでもわからない。

ただね、とMさんはいった。

「おれが乗せた男は、ああなることがわかってて、谷中霊園へいったんだと思う」

# 祈願

上間は毎年、東京都足立区にある児童・高齢者むけの公共施設の依頼で怪談会をおこなっている。子どもたちを対象に一時間、高齢者を対象に一時間、照明を暗くした部屋で怪談を語る。

「子どもたちの反応が微笑ましいんですよね。はじめはきょろきょろして落ちつきがないのに、だんだんおびえた顔で肩を寄せあって――」

高齢者むけの語りでは、怪談会のあとが楽しみだという。

「毎回ひとりかふたり控え室にきて、わたしもこんなことがありました、って、ご自分の体験を話してくれるんです」

その日も怪談会が終わると、Sさんという老婦人が控え室にきた。かなりの高齢にもかかわらず、すらりと背筋が伸びたSさんは、こんな話をしてくれた。

三十年ほど前、Sさんの娘に男の子が生まれた。

孫の誕生を喜んだのも束の間、男の子は院内感染によって重篤な状態に陥った。すぐに専門の病院で治療を受けたが、担当の医師は沈痛な表情で、

「できる限り努力はしますが、助かっても長くは生きられないでしょう」

Sさんは眼の前が真っ暗になった。

けれども、あきらめるわけにはいかない。なにか自分にできることはないかと考えた末、知人に薦められた寺で百度参りをはじめた。

毎朝一円玉を百枚持っていき、本堂の入口にある賽銭箱に一枚入れてお参りをする。一円玉がなくなるまで、それを繰りかえす。

百度参りが終わると本堂にあがり、僧侶の読経に手をあわせる。正座した膝(ひざ)の前に袱紗(ふくさ)を敷き、孫の写真を置く。本堂には、たくさんの参拝者がいて祈りを捧げていた。

この寺を薦めた知人によれば、百度参りを二十一日続けることでご利益があるという。Sさんは毎朝欠かさず寺に通い、二十一日目を迎えた。

百度参りのあと、彼女は仄暗(ほのぐら)い本堂で合掌した。薄目を開けて孫の写真を見つめていたら、突然まばゆい光が閃(ひらめ)いて、あたりが真っ白になった。光は一瞬で消えたが、

驚いて顔をあげた。

僧侶はなにごともなかったように読経を続けているから、カメラのフラッシュかと思った。すると隣にいた中年の女性が顔を寄せてきて、

「この子は、きっと助かりますよ」

といった。なぜそう思うのか訊いたら、

「わかりません。ふと、いわなきゃいけない気がしたんです」

その女性は、さっきの光に気づかなかったという。

Sさんは、その後も九か月にわたって参拝を続け、ご利益があると聞けば遠方へも足を運んだ。


その日、Sさんは娘とふたりで京都の寺へいった。

千二百年以上の歴史を持つその寺には、国宝である毘沙門天三尊立像がある。Sさんはその前で合掌すると、瞑目して経を唱えた。長いあいだ参拝を続けたおかげで、経はとっくにそらんじている。

すこしして娘から軀をつつかれた。目蓋を開けたら娘が驚いた表情で、毘沙門天像を指さした。神様を指さすなんて罰あたりな、と思ったが、Sさんは経を唱えながら

毘沙門天像に眼をやった。

とたんに愕然とした。毘沙門天像の口が、まるで生きている人間のように開いたり閉じたりしている。眼を凝らすと毘沙門天像の口の動きは、いま経を唱えているSさんとおなじだった。

「毘沙門天さまが、いっしょにお経をあげてくれている」

Sさんはいいようのない感動をおぼえて一心に経を唱え続けた。経をあげ終わると毘沙門天像の口はもとにもどった。

「それで、お孫さんはいま――」

上間は訊いた。Sさんは満ち足りた笑みを浮かべて答えた。

「元気です。いまはサラリーマンです」

# 通夜

昨年の十二月、糸柳は熱海（あたみ）へ取材にいった。

歩きまわったわりに収穫はなく、電車を待つあいだに駅前の古びた喫茶店に入った。店主は初老の女性で客も従業員もいなかったから、世間話になった。

「ついでに怖い話知りませんかて訊いたら、自分は信じてないけど、そういうことはあるよって——」

喫茶店のそばにある駅から電車に乗ると、すぐトンネルに入る。トンネルの手前に墓地があり、電車の窓からそこに眼をやると、女が手を振っている。一時期、そんなことをいう客が何人もいたが、客どうし面識はないのに、なぜおなじ話をするのか不思議だった。

数年前、店主の親戚が脳梗塞（のうこうそく）で急死した。

親戚は中年の男性で、ひとり息子は中学生だった。通夜は男性の自宅でおこなわれ、遺体は座敷の布団に寝かされていた。僧侶の読経や焼香が終わり弔問客は帰ったが、父親を失った悲しさからか息子は遺体のそばを離れず、枕元で膝をそろえている。

「でも、そっとしといてあげようっていって、みんな座敷をでたの」

しかし息子は、いつまで経っても座敷にこもっている。あまりに長時間だから心配になって襖を開けて覗くと、息子はぼそぼそしゃべっていた。父親に話しかけているのではなく、息子は遺体の頭上に視線をむけている。

誰としゃべっているのか訊いたら、息子は宙を指さして、

「そこに、おとうさんがいる」

息子がいうには、通夜がはじまってしばらく経つと、亡くなった父親が遺体の枕元に坐っていた。父親は驚いたような表情で周囲を見まわし、口をぱくぱくさせている。なにかを訴えているらしいが、声は聞こえない。

「だから、おとうさんはもう死んだんだよ、って――」

父親を説得していたという。

店主たち親戚は座敷をでて、ひそひそ話しあった。息子はまじめで、こういう場面

で冗談をいう性格ではない。が、そんなことが、ほんとうにあるのだろうか。

しばらくして襖が開いて息子がでてくると、

「おとうさん、いなくなった」

それ以降、息子はふだんどおりで特に変わった言動はないという。

# 病室の着物

今年の一月、上間は茨城県取手(とりで)市へ取材にいった。

さまざまな伝承が残る「首欠け地蔵」を目指して郊外を歩いていたら、庭木の手入れをしている高齢の男性がいた。

「首欠け地蔵の場所はわかってたんですが、話しかけるきっかけがつかみたくて、どこにあるか訊いたんです。そうしたら親切に案内してくれて――」

現地へむかう途中、Kさんという高齢の男性は、こんな話を聞かせてくれた。

Kさんは小学校四年のとき、病気で半年ほど入院した。病室は六人部屋だが、話し相手もおらず、はじめはさびしかった。

入院生活にも慣れてきたある夜、ふと眼を覚ますと白い人影があった。看護師かと思ったが、白い人影があるのはドアの上である。

「あんなところに浮かんでるのは幽霊かもしれん」

枕から頭をあげて眼を凝らすと、白い着物がかけてあるらしい。消灯した薄暗い病室だけによく見えないが、だらりとさがった袖の先や裾から下は影になっている。

「なんだ——やっぱり着物か」

Kさんは、ほっとして眠りについた。

朝になると着物はなかったが、誰かがはずしたのだろうと思った。

数年後、Kさんは母親が着物の虫干しをするのを手伝った。

着物を干すには横長で棒状の衣紋掛けを使う。衣紋掛けにかけると、着物の袖は丁字になって型崩れしないと母親はいった。

そのとき、病室で見た白い着物を思いだした。白い着物の袖はだらりと垂れていたから、衣紋掛けにかけられていたのではない。ならば、あれはどうやって吊るされていたのか。そう考えたとたん、いままですっかり忘れていたことを思いだした。

白い着物の襟の上には、縄があった。

「あれは——誰かが首に縄を巻いて、ぶらさがってたんだ」

Kさんはそんな記憶が蘇って、ぞっとしたという。

## 帰宅

その日の午後、上間は昼食のあと取手の街を歩いた。誰か取材できそうなひとはいないか通りを見ていたら、蕎麦(そば)屋の前に三輪自転車が三台停まっていた。

「仲よしのおばあさんたちが、食後にしゃべってる光景が浮かんだんです。それで店に入ったら、思ったとおりで――」

年配の女性が三人、テーブルを囲んでがやがや盛りあがっていた。そのなかのSさんという女性から、こんな話を聞いた。

Sさんが若いころ、叔父が大病を患って入院した。叔父には伏せてあったが、医師からは余命いくばくもないといわれていた。

Sさんが見舞いにいくたび、叔父は自宅に帰りたいという。けれども病状は悪化する一方で、歩くこともままならないだけに一時帰宅は認められなかった。

ある日、Sさんが見舞いにいくと、叔父はふだんより元気そうで、

「きのう、うちにいってきた」

ひさしぶりに笑顔を見せた。

一時帰宅の許可がでたのかと思ったが、どうも様子がちがう。叔父はひとりで自宅まで歩いて帰ったというから、夢か幻覚にちがいない。叔父は近所の様子を見てきたように語る。Sさんはそれに相槌(あいづち)を打って、よかったね、といった。

「でもな――」

叔父はふと顔を曇らせると、

「うちがどこなのか、わからなかった」

叔父はそれからまもなく亡くなった。

葬儀の席で、Sさんや親戚たちは叔父を一度でも自宅に帰してやりたかったと話した。すると弔問にきた近所の主婦が遠慮がちに声をかけてきた。

主婦はつい最近、叔父を見かけたという。そんなはずはないと思いつつ、どこで見かけたのか訊くと、

「ご自宅の前です」

叔父は玄関の前でぼんやり佇(たたず)んでいた。主婦が声をかけたら、

「うちがわからない」

叔父は困惑した表情でいった。

「おうちは眼の前にありますよ」

主婦は自宅を指さしたが、視線をもどすと叔父はもういなかった。Sさんはそれを聞いて、叔父がいったことはほんとうかもしれないと思った。

# かわいいおじちゃん

　今年の二月、糸柳はKさんという女性から、こんな話を聞いた。

　Kさんは五歳のころ、京都市上京区に住んでいた。

「わたしはあまり記憶にないんですけど、親がいうには蟬の幼虫が好きだったみたいで、羽化するところを見たがってたそうです」

　ある夜、Kさんは父親にせがんで京都御苑の森へいった。懐中電灯を持って蟬の幼虫を探していたら、Kさんが突然けたけた笑いだした。

「どうしたん」

　父親が訊いたら、Kさんは森の木を指さして、

「かわいいおじちゃんがおるねん」

「誰もおらんよ」

「おるやん。かわいいおじちゃんが笑うてる」

父親はKさんが指さす方向に眼を凝らしたが、なにもいない。

「なんもおらんやん」

「おってん。しゅるしゅるって上にのぼっていった」

父親は、なにかの見まちがいだろうと思った。

それから何日か経って、テレビを観ていたKさんが画面を指さして、

「かわいいおじちゃんがおる」

画面に映っていたのは、血まみれの落武者だった。

「わたしはぜんぜんおぼえてないけど、両親は気味悪がってました」

京都御苑は幕末の蛤御門の変(禁門の変)で、京都に出兵した長州藩と会津・薩摩藩の藩兵が武力衝突した激戦地である。戦闘にともなう火災は京都市中に広がり、約三万戸が焼失したという。

# 悲鳴

上間は東京都足立区のバーで、Sさんという男性からこんな話を聞いた。

Sさんは中学生のころ、同級生十人で肝試しにいった。肝試しの場所は、心霊スポットといわれる足立区の公園だった。

公園に着くと、Sさんたちは五人ずつ先発組と後発組にわかれた。公園の南口から先発組が出発し、ゴールの北口へむかう。北口に着いたら後発組が出発するという予定である。

Sさんは携帯で後発組のBくんとしゃべりつつ、公園のなかを歩いていった。心霊スポットといっても、きれいに整備された公園はさして怖くない。

しばらく歩くと道が左右にわかれていた。右にむかうと殺人事件があったといわれる場所にでるが、遠まわりになるから、予定では左に進むはずだった。

「せっかくだから、殺人事件の場所を見てこいよ」

携帯で話しているBくんは、そうけしかける。怖がっていると思われたら悔しいので電話を切って右の道を進んだ。夜空を背景に、公園の木々が黒々と枝を広げている。Sさんたちがふざけあいながら歩いていたら、

「ぎゃッ――」

不意に鋭い悲鳴が聞こえた。

誰が悲鳴をあげたのかわからない。にもかかわらず、それを聞いたとたん得体のしれない恐怖を感じて全身が総毛立った。ほかの四人もおなじだったらしく、Sさんたちはいっせいに走りだし、いまきた道をひきかえした。

途中で同級生のAくんが転ぶのが見えたが、助け起こす余裕もない。Sさんは息を切らして走り、道が左右にわかれているところまでもどった。

あたりを見ると、転んだAくんを含めて先発組は全員いるのに安堵した。

「さっきの悲鳴は、なんだったんだろ」

「おれたちの声じゃないよ」

Sさんは不気味に思ったが、こんどは左の道を進んでゴールへむかうことにした。するとまもなくSさんの携帯が鳴った。相手はさっきまでしゃべっていた後発組のBくんで、やっとつながった、といった。

Bくんによると、先発組がスタートしてまもなくSさんに電話したが、ノイズがひどくて会話ができなかったという。

「そんなはずないって。おれとずっとしゃべってたじゃん」

とSさんはいった。しかしBくんはしゃべっていないの一点張りだった。それがほんとうなら、殺人事件の場所を見てこいよ、といったのは誰なのか。Sさんは怖くなって、早く合流しようとBくんにいった。

Sさんたちは急ぎ足で歩いて公園の北口に着いた。やがて後発組が合流して、さっきの出来事について話していたら、同級生のひとりが首をかしげて、

「あれ?」

とつぶやいた。十人いるはずなのに、ひとり足りないという。人数を数えてみたら、たしかに九人で、いなくなったのは逃げる途中で転んだAくんだった。

「あいつ、どこにいるんだろ」

Sさんは Aくんの携帯に電話した。呼びだし音のあと、電話にでたのは彼の妹だった。携帯が自宅にあるということは、先に帰ったらしい。Sさんはそう思って、

「お兄ちゃんは、いま帰ってきたの」

「ううん。いまお風呂に入ってますけど」

妹によると、Aくんはきょう外出しておらず、ずっと自宅にいたという。

あとでAくんと電話で話して、妹の発言は事実だと判明したが、それ以外のことはなにひとつわからなかった。

# 東十条の乗客

今年の三月、上間はJR赤羽駅でタクシーに乗った。目的地へむかうあいだ、上間は例によって運転手に声をかけ、こんな話を聞いた。

ある夜、運転手はJR東十条駅の近くで、スーツ姿の男を乗せた。

「鹿浜まで。近くまでいったら案内します」

サラリーマンらしい男にそういわれて、運転手は車を走らせた。鹿浜は荒川を越えた先で十数分かかる。夜だけに道路は空いており、思ったより早く鹿浜に着いた。

乗客の男はそこから道を指示して、

「そこを曲がってください」

「次の信号を右に」

やがて男は住宅街のマンションの前で車をおりた。

運転手は車をUターンさせ、東十条にもどった。JR東十条駅のそばまできたら、歩道で手をあげる男がいる。そこは、さっきの乗客を乗せた場所だった。タクシーを停めて後部座席のドアを開けたら、スーツ姿の男が乗りこんできた。

「鹿浜まで。近くまでいったら案内します」

男はさっきの乗客とおなじことをいった。車内は暗くてよく見えないが、ルームミラーに眼をやると、顔や服装もさっきの乗客によく似ている。

不審に思いつつ鹿浜へむかったら、

「そこを曲がってください」

「次の信号を右に」

男はさっきの乗客とまったくおなじ指示をする。男が車をおりたのも、住宅街のおなじマンションの前だった。

「こんな偶然があるんだろうか――」

あるいは幽霊かと思ったが、さっきの乗客もいまの男も、ちゃんと料金を払っている。運転手は狐につままれたような心地でUターンして、また東十条にもどった。

JR東十条駅のそばまできたとき、歩道で手をあげる男がいた。まさかと思いつつタクシーを停めて後部座席のドアを開けたら、スーツ姿の男が乗りこんできて、

「鹿浜まで。近くまでいったら案内します」

もうまちがいない。この男を乗せるのは、これで三回目だ。

運転手はとりあえず車を走らせたが、おなじ場所でおりるに決まっている。それだけではなく、なにかよくないことが起こりそうな気がする。

運転手は恐怖に耐えられず、ハンドルを握ったまま男に話しかけた。

「あの、気を悪くしないで欲しいんですが――」

さっきの乗客とその前の乗客がまったくおなじ行き先だったというと、

「運転手さん、ここで結構です」

男は突然そういった。

急いで車を停めると、男は料金を払って車をおりた。

運転手は車を発進させてルームミラーで背後の様子を窺った。男はおりた場所に佇んだまま、無表情でこっちを見ていたという。

## 帰還

今年の三月、上間はFさんという男性から、こんな話を聞いた。

三十年ほど前、Fさんは岩手県の漁村に住んでおり、妻とふたりで暮らしていた。

八月のある日、娘が夫と孫の三人で帰省した。Fさん夫婦の住まいは漁港に面していたので、幼い孫は海で泳ぎたがったが、Fさんはいった。

「お盆が近いから、海に入ったらいかんよ」

お盆には先祖の霊たちが帰ってくる。霊たちは海をわたってくるので、海に入ると霊に連れていかれる。そんな言い伝えは各地にあるが、それだけでなくお盆は土用波(どようなみ)や離岸流が起きやすいし、クラゲに刺される危険もある。

娘夫婦と孫はFさん宅でくつろいだあと、漁港へ釣りにいった。

漁港はコの字形の防波堤で囲われているので安全だと思ったが、しばらくして近所の住人が家に駆けこんできた。娘夫婦と孫が防波堤で高波にさらわれ、ゆくえがわからないという。

Ｆさん夫婦があわてて家を飛びだすと、漁港はすでに騒然としていた。捜索のために漁船が何隻も出航し、警官や消防団も駆けつけた。

懸命な捜索の結果、娘と孫は遺体で発見された。

「さっきまで、あんなに元気だったのに——」

Ｆさん夫婦は悲しみのあまり、大声をあげて泣いた。

海上では娘の夫の捜索が続いていたが、陽が暮れるといったん打ち切られ、翌朝から捜索を再開することになった。娘の家族は仲がよかっただけに、早く夫を見つけて欲しい。もしかすると、どこかへ流れ着いて生きている可能性もある。

Ｆさん夫婦は一睡もできぬまま朝を迎えた。

するとまた近所の住人が家に駆けこんできて、ちょっときてくれ、という。

住人のあとをついていくと、漁村のひとびとが十人ほど防波堤の上で沖を見つめていた。Ｆさん夫婦が防波堤にいくと、海のかなたに白いものが浮き沈みしている。

きのう娘の夫は白いシャツを着ていた。漁師たちが漁船のエンジンをかけているが、白いものはいまにも沈みそうだった。このまま海に沈んだら、もう見つからない

かもしれない。なにもできない自分が悔しくて唇（くちびる）を噛（か）んでいると、

「おーいッ」

防波堤に立っていた誰かが大声で叫んだ。Fさんもそれに釣られて叫んだ。

「おーいッ」

やがてその場にいた全員が、叫びはじめた。

「おーいッ」

「おーいッ」

すると沖を漂っていた白いものが、見る見るこっちへ近づいてきた。波に揺られて近づくという動きではなく、ロープでひっぱられているように波を蹴立てて一直線に進んでくる。異様な光景にFさんたちは叫ぶのをやめ、呆然としていた。

白いものはたちまち防波堤にたどり着き、消波ブロックにひっかかって動きを止めた。それは、やはり娘の夫の遺体だった。

「家族三人、いっしょに弔（とむら）えたのが、せめてもの救いだったね」

とFさんはいった。

# ウォーキング

今年の三月、上間はKさんという女性から、こんな話を聞いた。

Kさんが小学校六年の夏休みだった。彼女が住んでいた町内では、毎朝ラジオ体操のあとに掃除をする。掃除の場所は、付き添いの大人が子どもたちに割り振るのが習慣だった。

Kさんはその日、おなじクラスの女の子と公園の掃除を担当した。

ふたりはゴミ拾い用の長いトングとゴミ袋を持って、空き缶や使用済みの花火などを拾ってまわった。

どのくらい経ったのか、ふと顔をあげたら年配の男性が通りかかった。朝とはいえ汗ばむほどの暑さなのに、長袖のウインドブレーカーを着た男性は両手を大きく振りながら、大股で歩いていく。ウォーキングをしているらしいが、男性の背中にぴったり貼りつくようにして女性が歩いている。

女性は黒髪を長く伸ばし、ネグリジェを着ている。その女性も両手を大きく振って、大股で歩いている。けれども、ふたりの動きは見事なまでにシンクロしていて、軀も手足もぶつからない。

Kさんと同級生の女の子は驚いて、ほかの子どもたちにも知らせにいった。みんなが眼を見張っていると、シンクロしたふたりは公園をでていった。

「いまのって人間？」

「人間の動きじゃないよ。妖怪かも」

「あのふたりは夫婦で、死んだ奥さんが旦那さんにとり憑いてるんじゃない？」

とKさんはいった。

みんなで話しあったが、むろん結論はでない。Kさんと同級生は、あのふたりをもう一度見たくて、次の日も公園の掃除を担当させてもらった。

翌朝、Kさんと同級生はラジオ体操のあと、公園でゴミを拾いはじめた。

公園の入口をちらちら見ていたら、あのふたりがあらわれた。

男性はきょうも長袖のウインドブレーカーで、女性はネグリジェ姿である。男性の表情からすると、彼は背後の女性に気づいてないようだった。ふたりはきのうと同様、両手両足の動きをシンクロさせて歩きながら、たちまち公園をでていった。

Kさんと同級生はトングとゴミ袋を放りだして、あとを追った。ふたりは住宅街を大股で歩いていく。大人の歩幅なので小走りにならないと、ついていけない。

やがてふたりは、一軒の家の門をくぐって姿を消した。その家にいってみると門に表札があったので、苗字はわかった。Kさんはあたりを眺めるうちに、道路をはさんだむかいの家に同級生の女の子が住んでいるのを思いだした。

同級生の家にいってインターホンを押すと、その女の子がでてきた。突然の訪問に当惑した表情だったが、Kさんはかまわず、

「あのさ、むかいの家のひとって知ってる？」

「うん。知ってる」

「奥さんは元気？」

「だいぶ前に亡くなったよ」

「やっぱり——」

あれは死んだ妻が夫にとり憑いているのだ。Kさんは自分の予想があたったことに色めきたって、いままでのことを語った。すると女の子はかぶりを振って、

「そんなはずないよ。だって——」

夫は数年前から病気で入院していて、むかいの家には誰も住んでいないという。それが事実なら、あのふたりはなんだったのか。死んだ妻と病気の夫が、なぜウォーキングをしているのか。

Kさんたちはいいようのない後味の悪さを感じて、公園へもどった。

後日、Kさんは母親としゃべっていて、あのふたりのことを急に思いだした。Kさんは表札にあった苗字を口にして、知っているかと訊ねたら、

「知ってるよ。昔町内会でいっしょだったから」

母親は押入れから古いアルバムをだして、十年以上前に町内会で撮った集合写真を見せてくれた。その写真には、あのふたりが笑顔でならんでいたという。

# きれいな部屋

糸柳は神戸に住むAさんという男性から、こんな話を聞いた。

二十年ほど前、Aさんは沖縄の実家に住んでおり、家電販売の仕事をしていた。あるとき叔父から電話があって、ビデオカメラを貸して欲しいという。

叔父は祖母と親戚の四人暮らしで、戦前に建てられたとおぼしい古い家に住んでいた。家の持ち主である祖母は気性が烈しいうえに無口で、めったに笑顔を見せない。

ビデオカメラでなにを撮るのか叔父に訊いたら、うちの二階と答えた。二階は階段や床が腐りかけていて、ふだんは使っていない。来客が知らずに二階へいったらあぶないので、階段の前にロープを張ってある。

「あんなとこ撮って、どうするの」

Aさんが訊いたら、叔父は最近変なことがあったという。

ある日、よそに住んでいる親戚夫婦が子どもたちを連れて遊びにきた。

祖母は迷惑そうに顔をしかめたが、菓子を買ってきて子どもたちにあげていたので機嫌は悪くなかったらしい。

「あそこに、なんで紐があるの」

子どもたちが階段のロープを指さして訊いた。

「二階はあぶないからさ。あがっちゃだめだよ」

叔父がそう答えたら子どもたちは、さっき二階に誰かいた、といった。

「階段の上から、こっち見てたよ」

叔父はなにかの見まちがいだろうと思った。

それからしばらくして、近所で小規模な祭があった。町内の顔見知りがきて、祭に使う衣裳や道具を入れた段ボール箱を置かせてくれといったので、玄関の土間に置いた。

祭のあと、顔見知りが段ボール箱をとりにきた。そのときついてきた子どもたちが階段の上に誰かいるといいだした。誰がいるのか訊いたら、男の子だという。子どもの発言とはいえ、二回もおなじことをいわれて気になった。

叔父は階段を踏み抜かないよう注意して、二階にあがった。何十年も放置しているから、どの部屋も分厚く埃が溜まっていたが、ひと部屋だけ埃がまったくなく、掃除が行き届いている。

「なんで、こんなにきれいなんだ」

叔父は眼をしばたたいた。その部屋のまんなかに、やはりきれいなテーブルがあり、コップがひとつ置いてあった。

叔父は二階に誰かいるかもしれないから、ビデオカメラを仕掛けて欲しいという。

Aさんはそんなことがあるはずはないと思ったが、ビデオカメラとモニターと三脚を持って、祖母の家にいった。三脚をつけたビデオカメラを二階に設置して、一階でモニターを見る予定である。

同居している親戚と祖母は留守だった。

不慣れなAさんが二階にいくのは危険だから、ビデオカメラを手にした叔父がそろそろと階段をのぼった。Aさんはそれを見あげつつ、

「気になるところに置いてきてください」

「あのきれいな部屋に置くさ」

叔父は作業を終えると、ビデオカメラに接続した延長コードを持って一階におりて

きた。それをモニターにつないで電源を入れたら、きれいな部屋が映った。テーブルの前に男の子が坐っていた。

見知らぬ女がテーブルを中心に、ぐるぐる歩きまわっている。

Aさんは驚きのあまり声もでなかった。叔父は二階の映像とは思えなかったらしく、これホラー映画？と訊いた。

まもなく、がちゃんと三脚が倒れる音がして、部屋の柱しか映らなくなった。Aさんは厭がる叔父に頼んでビデオカメラと三脚を回収してもらい、そそくさと帰った。

何日か経って、Aさんは叔父と電話で話した。

叔父はあの映像を見た夜、祖母にいった。

「うちの二階に幽霊がいるよ」

祖母はいつもの不機嫌な顔で、知ってる、と答えたという。

# 花嫁と少年兵

今年の四月、上間は福島県に住むKさんという女性から、こんな話を聞いた。

二十年ほど前、Kさんは夫とふたりでマンションに住んでいた。マンションは夫の勤務先の社宅で部屋は三階だった。中庭には大きな桜の木があって、春になると薄桃色に咲き乱れる花が美しかった。

Kさんは外出から帰ってくると、エントランスを通って階段をのぼる。階段は折りかえしになっていて階をのぼるたび、外廊下の手すりのむこうに中庭が見える。

そこに、ときおり「花嫁」が浮かんでいる。

角隠し(つのかくし)に白無垢(しろむく)の着物姿で、うつむきかげんの顔も透き通るように白い。

「きれいなんだけど――身長が二メートルくらいあるんです」

花嫁は二階にいるときもあれば、三階にいることもある。気味が悪いので非常階段を使ってみたが、花嫁はそこにもあらわれた。

どちらの階段をのぼっても、花嫁は必ずうつむきかげんでこっちをむいている。ただ宙に浮かんでいるだけだが、それでも怖い。Kさんは花嫁を見ると、急いで部屋に駆けこんだ。

そのマンションでは、ほかにも奇妙なことがあった。

Kさんがエントランスや外廊下を歩いていたら、ばたばたッ、と足音がして十四、五歳くらいの少年が走ってくる。カーキ色の軍帽をかぶり軍服を着た少年は、Kさんの前で足を止めると、ぴんと背筋を伸ばし敬礼をして去っていく。

突然あらわれ突然消えるから、むろん生身の人間ではない。

「昔の少年兵だと思いました」

毎年七月下旬からお盆のころまで、少年兵は何度もあらわれた。

Kさんは花嫁と少年兵のことを夫に話したが、当然のように信じてもらえない。Kさんもそういう方面に興味があるわけではないので、幻覚だと自分にいい聞かせた。

八月のある日、Kさんが買物から帰ってくると、エントランスで管理人と会った。管理人は六十代後半の男性で、夫の勤務先のOBである。ひさしぶりに顔をあわせたから、ふたりは立ち話をした。

すこしして、ばたばたッ、という足音とともに少年兵が走ってきた。少年兵はKさんの前で足を止め、いつものように敬礼して消えた。

「見ましたか」

管理人がこっちを覗きこむようにして訊いた。

Kさんは自分以外にも見えるのかと驚いて、はい、と答えた。管理人はうなずいて、毎年この時期になると少年兵を見かけるといい、

「もうひとり、でっかいのがいるんですよ」

管理人は花嫁も目撃していた。

あれは幻覚じゃなかったんだ、とKさんは思った。

Kさんは夫の転勤でべつの社宅に引っ越すまで、八年間にわたって花嫁と少年兵を見た。あとで調べてみると、そのマンションがある地域は戦時中、大規模な空襲によって多数の死傷者をだしていた。

「それと関係あるのかどうかわかりませんけど――」

花嫁と少年兵がなんだったのか、いまも気になるという。

# お帰りください

上間はKさんの取材を終えて、彼女が花嫁と少年兵を見たというマンションを訪れた。けれども、これといって収穫がないまま夜になった。上間は駅前のバーに入り、それとなくマンションのことを訊いた。店主も客も反応はなかったが、隣にいたCさんという女性客はその種の話を異様に怖がる。

「なにか怖い話や不思議な話をご存知ないですか」

上間にせがまれて店主がなにかいおうとすると、両手で耳をふさぐ。

「そういうひとほど、意外と奇妙な体験があるんですよね」

Cさんは上間に誘導されたのか、実は、と口を開いた。Cさんの父親は葬儀会社を経営していて、彼女もそこに勤めている。本社勤務なので葬儀にでることはなく、仕事はおもにデスクワークである。

ある夜、仕事を終えたCさんは、会社の駐車場に停めた車に乗った。

後部座席にバッグを置くと、シートベルトを締めてエンジンをかけた。

とたんに警告音が鳴りだした。半ドアかと思ったら、赤い警告灯はシートベルトの未装着を示している。

「接触不良かと思って、シートベルトをつけなおしたけど、だめでした」

警告灯を確認すると、助手席のシートベルトが未装着になっているが、むろん誰も乗っていないし荷物も置いていない。

Cさんは、なすすべもなく助手席を見つめた。警告音は延々と鳴り続ける。

「もしかして――」

ある思いが頭に浮かんで鳥肌が立った。

彼女は助手席の窓を半分ほど開けて、祈るようにつぶやいた。

「お帰りください」

次の瞬間、警告音がやんで警告灯も消えた。

Cさんは急いで車を走らせた。

シートベルトが未装着の場合、シートの下にある重量検出センサーが荷重を検知し、警告音が鳴り警告灯がともる。検知する重量は自動車メーカーによって異なるが、五キロ前後から反応する場合が多いという。

# 十字路

これもCさんの話である。

高校三年のある日、Cさんは放課後もしばらく学校にいて、帰りが遅くなった。彼女は自転車通学で、ふだんは決まった道を通るが、急いでいたので近道をしようと思った。すっかり暗くなった道を自転車で走っていると、住宅街の十字路にさしかかった。信号はなかったのでスピードを落とさず十字路に入った。

次の瞬間、横から突っこんできた車に撥ね飛ばされた。すさまじい衝撃とともにCさんは宙を飛んで、アスファルトに叩きつけられた。

「あー、もうだめだ。死んだと思いました」

Cさんは地面に横たわっていたが、なぜか痛みはない。彼女を撥ねた車を運転していた男が、真っ青な顔で駆け寄ってきた。恐る恐る軀を起こしたら、足がじんじん痺れているだけで立ちあがることができた。

「うちに電話して車に撥ねられたっていったら、両親はめちゃくちゃ心配してました。でも、ぜんぜん怪我はなくて――」

奇妙なことに自転車も壊れていない。まもなくパトカーと救急車が到着したが、Cさんは警官の事情聴取を受けただけで、病院にもいかなかった。

自宅に帰ると、両親がやけに険しい表情で玄関に飛びだしてきた。娘が無事だったことには安堵していたが、どこで事故に遭ったのかを細かく訊いてくる。Cさんが場所を説明すると、両親は顔を見あわせて、

「やっぱり――」

父親が経営する葬儀会社の斎場で、きょう二十代の女性の葬儀と告別式がおこなわれた。女性はマンションから飛びおりて亡くなったが、落下した現場はCさんが事故に遭った十字路だった。

# 床下の音

今年の四月、上間は福島県へ取材にいった。そのとき訪れたバーで従業員のMさんから、こんな話を聞いた。彼が小学生のころ、郊外に父親が所有する別荘があった。ログハウス風の建物で築年数はかなり古い。

「週末に家族で泊まったり、遠出するときに休憩したりしてました」

その日も家族で別荘にいき、庭でバーベキューを楽しんだ。ベッドはないから、夜が更けると床に布団を敷いて寝る。

深夜、Mさんは奇妙な音で眼を覚ました。コーン、コーンと木を叩くような音がする。音が室内で反響するせいで、どこから聞こえるのかわからない。遠くからのようでもあり、床下からのようでもある。

別荘には何度も泊まったが、いままでこんな音がしたことはない。

「なんの音だろう――」

ぼんやり考えているうちに、ふたたび眠った。

翌朝、ゆうべの音のことを両親に話したが、なにも気づかなかったという。

それから十年ほど経って、別荘は老朽化したので解体工事がおこなわれた。その際に床下から大量の藁人形が発見された。藁人形は床下を埋めつくすほどの数で、どれも胸のあたりに長い髪の毛が縫いつけられていた。

Mさんは小学生のころ別荘で聞いた、コーン、コーンという音を思いだした。あれは誰かが藁人形を打ちつける音だったのかもしれない。そういえば、あの音は床下から聞こえたようにも思えた。

別荘の解体工事は無事に終わったが、藁人形がいつからあるのか、誰がなんのために藁人形を置いたのか、まったくわからないという。

## ペンションの顔

前述のMさんとおなじバーに勤めるSさんも、不可解な体験がある。

Sさんはバイクの免許をとってまもないころ、友人たちとしょっちゅうツーリングにいった。夜にでかけることも多く、そんなときは肝試しがてら心霊スポットへむかう。なかでもたびたび訪れたのは、I町にあるペンションの廃墟だった。

そのペンションは洋館風の二階建てで、森のなかにある。かつてネット上では地下室でオーナーが自殺し、それを見た妻が精神に異常をきたして子どもを殺害したと噂されていたが、信憑性は薄い。

Sさんもそんな噂を鵜呑みにしていたわけではない。けれどもペンションへいった帰りに友人の車が突然動かなくなったり、整備したばかりの車のボンネットが走行中に吹き飛んだりした。

あるときは友人の車の助手席に乗っていると、急に水漏れが起きて足元に水溜りができた。友人は車を修理にだしたが、原因はわからなかった。

Sさんがいちばん不気味に感じていたのは、ペンションの二階の窓だった。

ペンションを訪れるたび、そこから男の顔が覗いている。毎回おなじ場所にあるのなら、なにかが顔のように見えるのかもしれない。

けれども男の顔が見える位置はいつもちがう。二階の窓のまんなかだったり、隅っこだったり、上のほうだったりする。同行した友人にそれをいっても、なにも見えないという。

Sさんは男の顔が見える窓を調べたかったが、ペンションのなかはあちこち崩れ落ちていて、たどり着けなかった。

このペンションについては『忌み地 惨』の「廃ペンション」でも言及した。あたりは田畑や山ばかりのわりに事故物件が多いが、上間が現地で取材すると近くの住民にとっては、ただの廃墟でしかないらしい。

夏のある夜、Sさんは友人とふたりで地元の祭を見にいった。

その帰り道、新しいバイクを買ったばかりの友人は、いまから遠出をしようといいだした。どこへいくか話しあったら、友人はあのペンションにいったことがなく、

「いこういこう」

と乗り気になった。

ふたりはコンビニで懐中電灯を買ってバイクを走らせた。

ペンションに着いたのは深夜で、森のなかは静まりかえっていた。朽ち果てた建物の前に立って懐中電灯で二階を照らすと、窓の右下に男の顔があった。この友人もどうせ見えないだろうと思ったら、

「見えるよ。窓の右下だろ」

Sさんは自分の体験をはじめて共有できたとあって、怖いのも忘れて喜んだ。ふたりは、ひとしきり騒いだあと家路についた。

その途中で、友人はトラックに衝突して亡くなったという。

# 佇む女

今年の二月、糸柳はIさんという女性に電話した。Iさんは糸柳が大阪に住んでいたころの知人で、会話をするのはひさしぶりだった。

「なんか怖い話ない？って訊いたけど、そんなん知らんっていうとった」

おたがい近況を話していると、Eさんという男性のことを思いだした。

Eさんは共通の知人で、二十年ほど前に事故で亡くなった。電気工事をしているとき胸にさげていたペンダントが、銅線が剝きだしのケーブルに触れて感電死するという悲惨な事故だった。

「あいつも怖い話好きやったなあって、おれがいうたら――」

Iさんは Y区にあったバーの店名を口にして、Eさんがそこへ通っていたという。

そのバーでは遅い時間になると、厨房にあるカーテンの隙間に女が立っている。従業員や客のあいだで、そんな噂が流れた。糸柳はそのバーの店名と場所を知っているが、実際にいったことはなく、話はそれで終わった。

「でも電話切ったあと、前にそのバーの近所へ取材いったとき、おんなじような話聞いたと思うた」

そのときの取材対象は、幽霊がでるというマンションだった。

近くにいた中年の男性に話を訊くと、マンションのことは知らなかったが、男性が以前つきあっていた女性がよく幽霊を見たという。どこで幽霊を見たのか訊いたら、Y区にあるコインランドリーだと答えた。

コインランドリーの店内に女が佇んでいるというだけの話だったが、ネットの地図で調べてみると、そこは亡くなったEさんが通っていたバーの跡地だった。

## 盛り塩

今年の三月、糸柳は取材を兼ねて四谷（よつや）の居酒屋で呑んだ。年配の女将（おかみ）がひとりで切り盛りする店で、いつも静かなのが取材に好都合だった。

その席でOさんという女性から、こんな話を聞いた。

Oさんの友人に、Hさんという女性がいる。Hさんはシングルマザーの看護師で、十歳の息子とふたりで暮らしている。

ある朝、Hさんのマンションを訪れると、玄関のドアの前に塩を盛った小皿を置いていた。なにをしているのかと訊いたら、彼女は溜息まじりに答えた。

「気分が悪いから」

Hさんが勤める病院では夜勤のとき、誰もいない病室からナースコールが鳴る。それには慣れているが、患者がいる病室からのナースコールで対処に困る場合がある。

「窓の外に誰かいる」

「病室で変な足音がする」

「いまカーテンの隙間から、誰かが覗いてた」

Hさんが病室にいくと、患者がそんなことを訴える。

「ゆうべも夜勤だったけど、変なことがあって——」

深夜、Hさんは同僚の看護師とナースステーションで話をしていた。薄暗い廊下には消火栓の赤いランプが灯(とも)っている。その前を人影が横切ったので、

「いま誰か通りましたよね」

急いで見にいったが誰もいない。人影がむかった先は、手術室やレントゲン室があるだけで病室はない。

首をかしげつつナースステーションの手前までもどってくると、デスクでパソコンにむかっている同僚の背後にパジャマ姿の老人がいた。老人は皺(しわ)深い首を伸ばして同僚の肩越しにデスクを覗きこんでいる。患者が迷いこんだのかと思ったが、ナースステーションに入ると老人はいなくなっていた。

「あれ、さっきのお爺(じい)ちゃんは——」

同僚は老人などいないといい、Hさんはぜったいにいたといった。ふたりで押し問

答をしていたら、消火栓の赤いランプの前を人影が横切った。こんどは同僚もそれを見たので、ふたりは短い悲鳴をあげた。

それからまもなく、ナースステーションの正面にあるエレベーターが動きだした。階数表示のランプは地下一階で止まった。同僚はおびえた眼でそれを見ながら、

「やすらぎ、誰かいたっけ」

やすらぎとは霊安室のことだが、その夜は使われていない。

エレベーターは、朝まで地下一階に止まったままだった。

「そんなことがあったときは、盛り塩をするの」

とHさんはいった。

# ざわざわ

「おお厭だ。怖いねえ」

　前述のOさんの話を聞いていた女将が口をはさんだ。

　女将も入院していた病院で、奇妙な足音を聞いたという。深夜だというのに、ひたひたと裸足（はだし）のような足音が廊下から聞こえる。

　翌朝、隣のベッドにいる患者にそれを話すと、

「そのひとは足音は聞いてなかったけど、怖いものを見たっていってた。看護師さんが病室のドアを開けたとき、看護師さんの肩のむこうから、真っ青な顔した男がこっちを覗いてたって――」

「この店では、なんかないですか」

　糸柳が訊いた。特にないねえ、と女将はいってから、

「ただ若いお兄ちゃんがふたりきたことがあって、そのときは変だったね。お兄ちゃ

んたちは、幽霊がでるところに遊びにいった帰りだっていってた」

そのふたりがきたとき、ほかに客はいなかった。にもかかわらず、ざわざわとひとの気配がする。女将はそれが気になって、

「お兄ちゃんたちは、どこへいってきたのって訊いたら、富士山のふもとの自殺がいっぱいあったところっていって——」

ふたりは、なにがおかしいのかげらげら笑った。そのとき、ざわざわした気配が一段と濃くなって、大勢のひとびとがささやいている声が聞こえた。

ふたりが帰ると同時に、そんな気配はなくなったという。

# 船上怪談

　昨年の八月、上間は石川県の海沿いにある温泉街を訪れ、遊覧船で怪談イベントをおこなった。お盆の時期に一夜二便。乗客は家族連れやカップルなど観光客がおもで、遊覧船は二十人ほどでいっぱいになる。

　午後八時、船はゆっくりした速度で港をでると、湾内に停泊してエンジンを切る。赤く照明を灯した船上で、上間は六日間にわたって怪談を語った。

　夜の海は波の音が静かに響き、港の夜景が美しい。ときおり跳ねる魚の音に肩をすくめる乗客もいる。

　港にはイベントのスタッフが待機しているが、小型の遊覧船だけに関係者で乗りこめるのは上間と船長だけである。

　船長はＫさんという三十代の男性だった。Ｋさんは筋骨たくましく陽気な性格だったが、怪談のたぐいは好きではないといった。

「そういう体験はないし、どちらかっていうと嫌いですね」

初日はなにごともなく盛況に終わり、二日目の夜だった。

イベントがはじまる前、上間が港に着くと、

「お疲れさまです」

Kさんが一礼したが、なぜか表情が暗く声に張りがない。どうしたのか訊いたら、
ゆうべ母港に帰る途中で船のライトが、ばちんと音をたてて切れたという。

「ちょうどそのとき、上間さんがイベントで話した怪談のことを、うちの乗組員にしゃべってたんです。だから気味が悪くて――」


三日目の夜、港で顔をあわせるとKさんの表情は一段と暗くなっていた。

ゆうべは帰る途中で船のエンジンが故障して、しばらく海を漂うはめになった。エンジンはなんとか修理できたが、こんなことはめったにない。

「やっぱり怪談のせいですかね」

「偶然だと思いますよ」

上間はそう答えると、マイクの調子とBGMを確認するため船に乗りこんだ。スタ

ッフが乗船できないので、音響操作はKさんが操舵室でおこなう。そのときもKさんは操舵室でBGMをかけようとしたが、あれえ？　と声をあげた。

「CDプレーヤーが動かないんです」

四日目の夜、Kさんの顔は青ざめていた。

ゆうべ船内の片づけをしていたら、誰かに足首をつかまれたという。

「船には自分しかいなかったから、わけがわからなくて――」

いままでのトラブルは機械の故障で説明できるが、これはなんなのか。錯覚にしては、足首をつかまれたときの指の感触がはっきり残っているといった。

五日目の夜、Kさんは上間が港にくるなり、こわばった表情でまくしたてた。

「でましたッ。とうとうでましたッ」

ゆうべKさんは母港にもどると、船底におりて計器の点検をした。

船底は大人がひとり入れるだけの空間で、照明がないからスマホのライトをつける。計器の数値は目視でわかるが、念のためにスマホのカメラでフラッシュをたいて撮影した。そのあと撮った画像を見たら、計器の前に肌色の棒が写っていた。

「はじめは自分の指が写りこんだのかと思ったけど――」

撮影の際、スマホは片手で操作したのでレンズとシャッターの位置からして、自分の指が写りこんだとは考えられない。画像をじっと見ているうちに、肌色の棒が女の腕のように思えてきて、あわてて船底を飛びだしたという。

上間がその画像を見せてもらうと、たしかに肌色の棒らしきものが写っていた。試しにスマホのカメラの前に指をだして撮影したが、画像のようにはならなかった。

遊覧船での怪談イベントは無事に終了した。

「また来年もやりますか」

上間がそう訊ねると、Kさんは即座に答えた。

「次は客としてきます」

# 裏口を叩く者

　上間はYさんという男性から、こんな話を聞いた。

　Yさんは四十代後半で、以前は大阪のビジネスホテルに勤めていた。立地は悪くないが建物が老朽化していただけに、あまり繁盛していなかった。人件費を抑えるためか従業員はわずかしかおらず、ひとりで夜勤を担当することもあった。

　夜勤で唯一の楽しみは、ひまな時間に先輩の従業員と喫煙所で一服することだった。喫煙所はホテルの裏口をでた細い通路にある。ホテルと隣のビルにはさまれた通路は繁華街が近いせいで、酔っぱらいが嘔吐(おうと)や小便をしたり、ホームレスが眠りこんでいたりする。

「その通路はホテルの敷地なんで、ぼくらが管理しなきゃいけないんです」

　酔っぱらいやホームレスが入りこむ以外に、いたずらも多かった。

　深夜、裏口のドアをばんばん叩く音がする。急いで見にいくと、通路に誰かいるから大声で注意する。とたんに走り去るので顔はわからない。

「はじめは同一人物だと思ったけど、逃げていく後ろ姿は毎回ちがうんです」

おなじいたずらがあまりに多いので、うちのホテルの裏口を叩くのが、この界隈で流行っているのか。そんなことも考えたが、さすがにありそうもない。

ある夜、また裏口のドアを烈しく叩く音がした。

今夜はどんな奴がいるんだろう。そう思いつつ急いでドアを開けたら、薄暗い通路には誰もいなかった。走って逃げたのだろうが、人影がないのは珍しい。

首をかしげてホテルのなかにもどったとき、あッ、と声がでた。すっかり忘れていた仕事を思いだした。Yさんは急いでそれを片づけたが、あやうく上司に大目玉を喰らうところだった。

考えてみると、前にも似たようなことがあった。裏口のドアを叩く音がして、ドアを開けたら誰もいなかったが、その拍子に忘れていた仕事を思いだした。

「その晩から、考えがちょっと変わりました。それまでは裏口のドアを開けたとき、通路にいたひとがドアを叩いたと思ってたんですけど――」

通路にいる人物は、たいていこっちに背中をむけている。あれはドアを叩いた犯人ではなく、いまからホテルかほかの場所に侵入しようとしていたのではないか。だとするとドアを叩いた犯人は、それを知らせてくれたのかもしれない。

その日、Yさんは仲のよい先輩とおなじシフトになった。

深夜、先輩は裏口をでて煙草（たばこ）を吸いにいった。Yさんはあとを追って喫煙所にいくと、裏口のドアを誰かが叩くことを話した。先輩も当然それを知っていた。

「あれはいたずらじゃなくて、なにかを知らせてくれてる気がするんです」

Yさんがそういうと先輩はうなずいて、実はな、といった。Yさんが入社する直前、支配人だった高齢の男性が亡くなった。

支配人は仕事熱心で、老朽化して従業員もすくないホテルを活気づけようと、宿泊客へのサービスに尽力していた。裏口のドアを叩く音がするようになったのは、支配人が亡くなってからだという。

「このホテルのことを誰よりも知ってたひとやから、いまも見守ってるんちゃうか」

先輩がそういった瞬間、裏口のドアがばんばんと鳴った。いまふたりがいるのは通路にある喫煙所だから、ドアを叩いた誰かはホテルのなかにいる。

「なんか忘れてる仕事あれへんか」

と先輩がいった。Yさんは、あッ、と声をあげて駆けだした。

今夜やる予定だったボイラーの調整を忘れていた。ボイラーも老朽化しているので、定期的に圧を抜かないと全室でお湯がでなくなる。

裏口のドアを叩く音は、Yさんが退職するまで続いたという。

# 集団ヒステリー

　今年の四月、上間はKさんという女性から、こんな話を聞いた。

　四十年ほど前の夏、小学五年生だったKさんは林間学校で山梨県へいった。その日宿泊するのは、完成したばかりの真新しいロッジだった。

　バスで現地に到着すると、Kさんたちは大はしゃぎで豊かな自然を満喫した。入浴や夕食をすませ、部屋に布団を敷いた。部屋に布団を敷いた。ふだんは夕方になると帰ってしまう同級生たちと夜もいっしょにいられるのは新鮮で、消灯時間になっても気持は昂っていた。

　飴色がかった常夜灯の光が室内を照らし、網戸から涼しい風が吹いてくる。

　Kさんの隣の布団には、Sさんという女子がいる。Sさんは虚弱体質で、体育は見学が多かった。Kさんは彼女とひそひそしゃべっていたが、昼間の疲れもあって、ほどなく眠りについた。

深夜、Kさんはトイレにいきたくなって眼を覚ました。

布団から軀を起こすと、部屋のドアの前に白い着物姿の女が坐っていた。こちらに背中をむけているので顔は見えないが、髪が長いから引率のY先生だと思った。

寝ているみんなを起こさないよう、Kさんは膝立ちで進み、Y先生のそばにいった。しかし先生は背中をむけたまま、こちらに気づいていない。

「トイレにいってきます」

KさんはそういうつもりでY先生の肩に手を伸ばした。

が、その手が途中で止まった。Y先生の髪は肩の下までしかないのに、眼の前にいる女の髪は腰のあたりまである。その髪は艶(つや)やかで美しかった。

けれども白い着物は死装束ではないかと思えて、急に怖くなった。Kさんはトイレにいくのも忘れて布団にもどり、タオルケットを頭からかぶった。

翌朝、Kさんはみんなと食堂にいった。

隣の席には、布団のならびとおなじでSさんがいる。

ゆうべ見た女は夢だったのかもしれない。そう思いつつ朝食を食べていたら、べつのクラスの男の子たちが騒ぎだした。

「ゆうべ、おばけがでた」

「おれも見た」

男の子たちは興奮してしゃべっているので、はっきり聞きとれないが、話を要約すると次のような内容だった。

ゆうべ男の子のひとりが眼を覚ますと、白い着物姿の女がしずしずと入ってきた。先生かと思ったが、知らない顔である。女は部屋のまんなかを歩いてきて、壁のところで天井に吸いこまれるように消えた。

男の子が驚いていたら、また白い着物姿の女が入ってきて天井に消えた。男の子は寝ていた同級生たちを揺り起こした。するとまた女が入ってきたので、室内は騒然となった。女が見えるといったのはクラスの半分くらいだったが、教師たちが駆けつけるまで、おなじ現象が繰りかえされたらしい。

それを聞いて、Kさんたちのクラスの女子も騒ぎだした。ゆうべ見たのは、やはり幽霊だったのかもしれない。Kさんが不安になっていたら、

「大丈夫です」

女性教師が大声で叫んだ。

「それは集団ヒステリーです」

ひとりの怖いという感情がおなじ空間にいる集団に伝染して、みんながパニックを起こすという。Kさんは教師の説明に安堵して、

「よかったね。なんでもなくて」

隣のSさんにそういったら、でも、と彼女は眉をひそめて、

「わたしびっくりしちゃった」

「なにが？」

Sさんは耳元に口を寄せてくると、こうささやいた。

「ゆうべKちゃんが幽霊に話しかけようとしたから――」

# 恋人岬

上間はTさんという四十代の女性から、こんな話を聞いた。

Tさんが以前勤めていた飲食店に、Aくんという男性がバイトで入ってきた。

十歳年下のAくんは人懐こい性格で、仕事を手とり足とり教えるTさんを「師匠」と呼んだ。ふたりは仕事帰りに何度も食事にいったが、それ以上の関係はなく、TさんもAくんも交際相手がいた。Tさんからすると、彼は弟のような存在だった。

ある夜、Aくんから電話があって彼女と別れたという。そのわりに元気な声で、さほど落ちこんでいる様子はない。

「ただ後悔してることがあって――」

以前Aくんは、彼女とN県にある恋人岬へいった。

恋人岬は恋愛成就スポットとして有名で、多くのカップルが訪れる。ハート形のプレートにふたりの名前やメッセージを書き、現地にある柵に南京錠とチェーンでとりつけると、ふたりは将来結ばれるといわれている。

Aくんは彼女と仲がよかったころ、ふたりでプレートを柵にとりつけたが、それが気になってしかたがないという。

「それで師匠、お願いがあるんです。いまからプレートをはずしにいきたいんですけど——」

「そんなの放っといても、古くなったら誰かが捨ててくれるよ」

「かもしれないけど、自分の手ではずしたいんです。誰も見てない夜のうちに」

Aくんは、いっしょにきてくれと執拗にせがむ。

Tさんはとうとう根負けして、彼が運転する車で恋人岬へむかった。高速を使ったが、到着までにはかなり時間がかかった。

駐車場で車をおりると、街灯はまばらであたりは暗かった。岬の下の岩場に波が打ちつける音が響き、強い風が吹いていた。

ふたりはスマホのライトで足元を照らしながら歩いた。Aくんは大きなボルトカッターが入った工具箱をさげていたが、プレートを捜そうとはせず、展望台にある「幸せの鐘」を鳴らしはじめた。

ガラーンガラーン。ガラーンガラーン。

けたたましい音にTさんは顔をしかめて、

「もうやめて。早くすまそうよ」

Aくんは、ようやく自分と元彼女のプレートを捜しはじめた。プレートはおびただしい数だけに時間がかかるかと思ったら、あっさり見つかった。

Aくんは工具箱からボルトカッターをとりだしたが、それを地面に置くと、自分のスマホをこっちにさしだした。

「プレートはずす前に記念写真を撮って欲しいんです」

なんの記念になるのか意味がわからないが、Aくんはハート形のプレートを両手で持って満面の笑みを浮かべている。しぶしぶ撮影すると、Aくんはボルトカッターでチェーンを切断し、プレートを海に投げ捨てた。Tさんは胸のなかでつぶやいた。

「やれやれ。やっと帰れる」

車に乗ってまもなく、Bさんという女性から電話があった。彼女はTさんとAくんの共通の友人である。ごめん、とBさんはいった。

「お風呂に入ってたから気づかなかった」

「どういうこと？」

「あたしに十回くらい電話したでしょ。なんの用だったの」

しかし電話はかけていない。恋人岬にいるあいだスマホはずっと手に持っていたから、誤作動の可能性もない。不意に背筋がひやりとした。いまどこにいるのかBさんに訊かれて事情を話していたら、Aくんが訊いた。

「誰と話してるの」

「Bちゃん」

Aくんはにやにやしながら車を路肩に停めて、さっき撮った「記念写真」をBさんに送った。とたんに彼女は怒声をあげた。

「なんで、こんな縁起の悪いもの送ってくるの。すぐ削除しなきゃ」

電話は切れた。

Aくんはふたたび車を走らせたが、車内は沈黙が続いた。

自宅の前に着いたときは空が白みかけていた。

「きょうはごめんなさい」

Aくんは、しょんぼりうつむいて詫びた。

「おれ、ちょっとおかしくなってたみたいで――」

「うん。Bちゃんもドン引きしてたもんね」

それはちがう。Aくんは、いきなり顔をあげた。

「これのせいです」

Aくんはスマホを手にして「記念写真」をこっちにむけた。Aくんがハート形のプレートを両手で持って満面の笑みを浮かべている。撮影したときは気づかなかったが、プレートの陰に見知らぬ男の顔がある。男はうつろな表情でこっちを見ている。

Aくんは画像を見るなり、それに気づいたといった。

「そのときはなぜか怖くなくて、よかったたって思ったんです。おかしくなってたから――でも、あそこにはもう二度といきません」

Tさんはその後、Aくんと疎遠になった。ときおり深夜に電話がかかってくるが、なんだか怖くて無視している。あとで留守電を聞くと、轟々（ごうごう）と風の音がして、

「いーまー、恋人岬にいーまーす」

興奮でうわずった声が聞こえてくるという。

# 女神像

昨年の八月、上間は都内の中学校で怪談イベントをおこなった。

会場は広い講堂で、怪しい雰囲気を醸しだす舞台装飾は生徒たちが制作した。上間が怪談を語る演台の横には、クリスタルガラス製の女神像が置かれていた。左手に花を掲げ、右手を髪にあてた半裸の像である。

女神像は、この中学校の音楽教師であるＩさんという女性が所有している。

「三十年ほど前、知りあいからもらいました。アフリカで作られた木彫りの人形といっしょに。でも欲しかったわけじゃなくて、無理やり押しつけられた感じで――」

女神像も木彫りの人形も五十センチ以上あって置き場に困った。

Ｉさんは燃えるゴミの日に、木彫りの人形を捨てた。女神像はどうやって捨てようか迷いつつ、ひとまず玄関の下駄箱の上に飾った。

学校から帰ってくると、ときどき女神像の向きが変わっていた。もともと台座が不安定だったので気にしなかったが、ある夜帰宅したら女神像のまわりがびっしょり濡れていた。

Ｉさんはひとり暮らしだから誰かが水をこぼすはずはなく、雨漏りしているわけでもない。どこから水が湧いたのか原因は不明だった。

ある日、Ｉさんは下駄箱を拭いていて、女神像を倒してしまった。女神像の右手の小指が欠けて、それ以来Ｉさんも右手の小指が痛むようになった。

「ただの偶然だと思ったけど、前から薄気味悪かったので、欲しがってた友だちにあげたんです」

何日か経って学校から帰ってくると、布でぐるぐる巻きになったものが玄関の前にある。中身は女神像だった。かえすならかえすで、黙って置いていくのは非常識である。ひとことあってもいいのにと思ったが、友人には連絡しなかった。

その後、べつの友人に女神像をあげた。

するとまた玄関の前にぐるぐる巻きがある。前の友人といい、こんどの友人といい、こっそり返却しなければならない理由があるのか。

「わけを訊くのも怖いから、なにもいいませんでした」

しばらくしてIさんは引っ越しすることになった。

せっかくの新居に女神像は持っていきたくない。Iさんは女神像を押入れの隅に突っこんでから、トラックに荷物を積みこんだ。

ところが新居に着いて荷物をおろしていると、トラックの荷台に女神像がある。この像はどうやっても、きっともどってくる。Iさんは女神像を手放すのをあきらめた。

学校でそんな話をしたら、同僚の教師が霊能者に相談してくれた。霊能者はなにか強い念がこもっているといったが、それ以上はわからなかった。

Iさんは女神像を新居に置いておくのが厭で、実家の二階の押入れにしまった。実家は誰も住んでおらず、物置として使っている。

それから三十年ほど経って、女神像のことはすっかり忘れていた。

昨年、勤務先の中学校で怪談会がおこなわれることになったときも女神像のことは頭になかったが、打ちあわせにきた上間から、

「先生がたは、そういう体験はありませんか」

といわれて急に思いだした。

Iさんが女神像の話をすると、上間は喜んで、
「せっかくだから、会場に実物を飾りましょう」
しかし実家の管理は引っ越し業を営む知人にまかせてあり、不要なものは捨ててい
いと頼んでいるから、もう女神像はないかもしれない。Iさんは知人に電話して、女
神像があるか確認してもらったが、どこにもないという返事だった。
数日後、Iさんは必要なものをとりに実家へいった。
ついでに二階の押入れを開けたら、女神像が立っていた。知人には二階の押入れも
調べてもらったから、見逃すはずがない。
「この像は、やっぱりおかしい」
Iさんはそう確信したが、おかしなことはもうひとつあった。ひさしぶりに実家の
なかを見てまわったら、アフリカで作られた木彫りの人形があった。三十年ほど前に
まちがいなく捨てたのに、なぜここにあるのか。上間にそれをいうと、
「せっかくだから、その人形も飾りましょう」
Iさんは女神像と木彫りの人形を学校に持っていった。怪談イベントの際、女神像
は演台の横に、木彫りの人形は会場の入口に置かれた。

怪談イベントの最後に上間がIさんの体験を語ると、生徒たちはどよめいた。途中で教師が腕につけていた水晶の数珠が弾け飛んだり、生徒のひとりがトイレで怪異を目撃したりといったハプニングもあった。

「どうせもどってくるから——」

女神像はIさんが持ち帰ったが、木彫りの人形は捨てるといった。すると上間は、

「せっかくだから、ぼくがもらいましょう」

木彫りの人形はいま、怪談社の事務所にある。

# 衝突

今年の四月、上間は岡山県に住むTさんという男性から、こんな話を聞いた。

その夜、Tさんは自分が運転する車で、友人のMさんとカラオケボックスにいった。カラオケボックスには三時間ほどいて、家路についたのは午前一時ごろだった。

ふたりとも音楽好きとあって帰りの車内では、好きなバンドの話で盛りあがった。Tさんは前方を見てはいるものの、つい話に熱中してMさんのほうをむいてしまう。

やがて車は繁華街を抜けて郊外に入った。

深夜とあって道路は空いていて歩行者もいない。TさんはMさんとしゃべりながら快調に車を走らせたが、青信号の横断歩道にさしかかったとき、スーツ姿の男が左側から飛びだしてきた。

あわてて急ブレーキを踏んだが、まにあわなかった。車はタイヤを軋(きし)ませながら横断歩道をすぎた交差点で停まり、体がつんのめった。頭が真っ白になって呆然としていると、Mさんが震える声で、おれが見てくる、といって車をおりた。

　Tさんは車を路肩に寄せると横断歩道に駆けもどって、Mさんに訊いた。

「さっきのひとは――」

「いない。車に撥ね飛ばされて、どこかで倒れてるかも」

　だとすれば、早く助けないと命に関わる。ふたりは必死であたりを捜したが、どこにもいない。変だな、とMさんがいった。

「さっき、ひとがぶつかった音って聞こえたか」

「そういえば衝撃もなかったな」

　いまさらのように車を調べたら、人間を撥ねた形跡はない。Tさんは胸を撫でおろしつつ、じゃあ、といった。

「さっきのは、なんだったんだ」

「もしかしたら――あれじゃないか」

　Mさんは道路脇を指さした。そこには墓石がいくつもならんでいる。スーツ姿の男が幽霊だったとしても、人間を撥ねるよりはましだ。

　ふたりは車にもどって、さっきの出来事について話した。Mさんが大きく息を吐いて、あー安心した、といった。

「女の子が飛びだしてきたときは、マジびびった」

「女の子？　飛びだしてきたのは男だろ」

　Tさんはそういったが、Mさんはかぶりを振った。彼が見たのは、赤い服を着た小学校五、六年くらいの女の子で、右側から飛びだしてきたという。Tさんが見たスーツ姿の男は、左側から飛びだしてきた。

　おなじ車に乗っていて、なぜ見たものがちがうのか。横断歩道にさしかかったときの状況を話しあったら、あることがわかった。

　ふたりは音楽の話に夢中だったから、おたがいのほうに眼をむけていた。つまりTさんは左の助手席側を、Mさんは右の運転席側を見ていたことになる。ということはスーツ姿の男は左から、赤い服を着た女の子は右から、同時に飛びだしてきたと考えるしかない。

　Tさんは急に怖くなり、急いでその場を離れたという。


　糸柳は今年の三月と四月の二回にわたり、ツイッターで募集したメンバーによる怪談会をおこなった。場所は都内の貸し会議室で、椅子を円形にならべて中心に照明を置いて、それらしい雰囲気を作った。以下の八話はそのとき語られた怪談を、参加者の許可を得て書き起こしたものである。

# 数珠まわし

Mさんという女性が元同僚のFさんから聞いた話である。

Fさんが岩手県の実家に住んでいたころ、通夜や葬儀で「数珠まわし」という行事がおこなわれていた。数珠まわしとは浄土宗の百万遍念仏に由来し、地域によって作法が異なる。Fさんの実家の界隈では、車座になったひとびとが念仏を唱えながら、大きく長い数珠をまわしていく。

ある日、葬儀の席で親戚や近所の住人が数珠まわしをしていると、Fさんの従妹（いとこ）が急にその場を離れた。従妹はそういう方面に敏感な体質だと聞いていたので、

「大丈夫？」

Fさんは声をかけた。従妹は顔をしかめて、

「集まってきたから、気持悪くなった」

なにがどこに集まってきたのか訊いたら、従妹は燭台の蠟燭（ろうそく）を指さした。蠟燭に火

は灯っていない。

「そのへんにご先祖さまがたくさんいる。でも魂が入っていないから――」

従妹がそういった瞬間、ぼおッ、と蠟燭に火が灯った。

数珠まわしにまつわる話は、糸柳も聞いたことがある。

和歌山県のある村で、ある中年女性の様子がおかしくなった。意識が朦朧として意味不明な言動をする。病院に連れていっても原因はわからず、公民館で数珠まわしによるお祓いがおこなわれた。

女性を大きな数珠の輪のなかに坐らせ、村人たちが念仏を唱えた。

すると数珠をまわしていたひとりの老人が、ふわあ、と奇妙な叫び声をあげて外へ飛びだしていった。儀式を中断するわけにいかず、残った村人たちで数珠まわしを続けたが、さっきまで老人がいた場所から数珠が切れて、ぼとぼと落ちていく。

数珠の糸は太くて二重になっているから、切れることなどめったにない。さすがにこれはまずいと誰かがいいだして数珠まわしは中止された。

それからまもなく、数珠まわしに使った公民館が不可解な理由で閉鎖された。奇声を発した老人は無事だったが、中年女性の消息はわからなくなったという。

# お化け屋敷

Hさんという女性の話である。

彼女が以前勤めていた会社は二年ほど前、福岡県の娯楽施設でお化け屋敷の制作を担当した。かつてのお化け屋敷は、お化け役のスタッフが客をおどかすことが多かったが、人件費がかさむのとお化け役が客から暴力をふるわれることがあるので、近年は無人で営業できるよう、リアルな装飾や人感センサーを使ったギミックを用いたり、迷路や謎解きといったアトラクションを加えたりする。

お化け屋敷が完成するとテストプレイがおこなわれた。その日、朝いちばんに到着したHさんはギミックを動かすためのブレーカーを入れた。とたんに施設内のトイレから、ぎゃあああッ、と女の悲鳴があがった。

「トイレは本物ですけど、誰かが使うわけじゃなく、来場者の順路にあるアトラクションのひとつです」

はじめは人感センサーの誤作動だと思ったが、人感センサーはコントロール室にあるパソコンで管理している。したがってパソコンを起動しない限り、ブレーカーを入れただけでは反応しないはずだ。Hさんはコントロール室にいくと、

「変だなあ」

ひとりごちてパソコンを立ちあげた。するとまたトイレから、ぎゃあああッ、と悲鳴があがった。しかもこんどは悲鳴が止まらない。

あわてて専門のスタッフに連絡をとると、人感センサーはコントロール室の監視カメラとも連動しているので、Hさんに反応しているとわかり、悲鳴を止めることができた。けれどもブレーカーがある場所に監視カメラはない。

「最初の悲鳴の原因はわかりませんでした」

やがてスタッフが出勤すると本格的なテストプレイに入り、娯楽施設の従業員たちにお化け屋敷を体験してもらった。あとで従業員たちに感想を訊いたら、妙な答えがかえってきた。

「髪の毛をひっぱったり、軀を触ったりするギミックはクレームになるので、やめたほうがいい」

そんなギミックはないのに、おなじような感想がいくつかあった。

テストプレイが終わり、実際に営業をはじめると、お化け屋敷はほんとうに怖いと好評だったという。

## 提灯の明かり

Sさんという女性が祖父から聞いた話である。

祖父は若いころ、静岡県に住んでいた。外出で遅くなった帰り、山道を車で走っていたら、道の下にちらちら明かりが見える。あたりは深い森で人家はない。

「なんだろう——」

祖父は車を停めて外にでると、明かりに眼を凝らした。

その明かりは、棒のような持ち手がついた提灯だった。提灯をさげているのは男か女かわからないが、着物姿でゆっくり歩いている。祖父の時代であっても、山のなかでそんな提灯をさげて歩く者はいない。

怖くなった祖父は車に飛び乗って、その場を離れた。しかし、いくらスピードをあげても、提灯の明かりは車と並走するようについてくる。トンネルに入って、ようやく明かりは見えなくなった。

そのトンネルは大正四年に開通した旧本坂（ほんざか）トンネルで、現在は静岡県屈指の心霊スポットして知られている。

## 気にするな

都内に住むHさんという女性の話である。

彼女は若いころ、両親と仲が悪くてひとり暮らしをしていた。が、バイトを辞めたせいで家賃が払えなくなった。といって両親のもとにはもどりたくないので、彼氏の実家に居候(いそうろう)させてもらうことになった。

実家は一戸建てで敷地も広く、彼氏の両親と祖母と妹が住んでいた。彼氏の家族はみんなやさしくしてくれたが、なかでもHさんは祖母と仲よくなった。

祖母は毎晩九時ごろからワインで晩酌をするのが習慣だった。ほかの家族は下戸(げこ)だから、Hさんは晩酌につきあって祖母と話をする。祖母は聞き上手で、Hさんが学生時代の話やバイトの話などをすると、黙って眼を細めている。

ある夜、彼女はバイト先の同僚たちと肝試しにいった話をした。すると祖母は不意に身を乗りだして、いままで誰にもいわなかったけど、といった。

「本物の幽霊を見たことがあるの」

彼女は二十代前半のころ、喫茶店で働いていた。その店は朝まで営業していたので、深夜になると終電を逃した客がたくさんくる。

ある夜、カウンターのシンクで皿を洗っていたら、ひゅうッ、と背後を風が吹き抜けた。振りかえると幼い子どもが厨房に駆けこむのが見えた。客の子どもがまぎれこんだのか。

彼女は急いで厨房に入った。店長である中年男性が包丁でキャベツを刻んでいる。

「いま子どもが入ってきませんでした？」

そう訊ねたら、いや、と店長がいった。彼女はカウンターにもどって店内を見まわした。客たちがしゃべる声にまじって、きゃっきゃっ、と子どもの笑い声がする。子どもの姿はどこにもないが、入口のドアがふわりと開いて、すぐ閉まった。

彼女はまた厨房に入り、いまの出来事を話した。店長はこっちを見ようともせず、

気にするな、とだけいった。

それ以来、子どもの足音が聞こえたり、走る後ろ姿を見たりするようになった。が、店長にいってても答えは要領を得なかった。

その夜、彼女は高い位置にある戸棚の皿をとろうとして、脚立に乗った。戸棚を開けて皿をとったら、黒い影が動いた。虫でもいるのかと戸棚を覗きこんだが、なにもいない。皿をカウンターに持っていくと、シンクの横に置いてある鏡に薄汚れた顔の女が映っていた。驚いて悲鳴をあげたら、常連客の男性がこっちにきて、

「どうした」

「知らない女のひとが鏡に映ったんです」

そのとき厨房から店長がでてきて、なにを騒いでるんだ、といった。常連客は平気な顔で、あの女がいたってさ、といった。店長は鼻を鳴らして、

「気にしなくていいよ。あの親子は」

「親子ってなんですか」

彼女は訊いた。常連客は苦笑して、

「あんたは知らないでいいよ」

結局その喫茶店を辞めるまで、なにも教えてもらえなかった。

祖母が話を終えると、じゃりじゃりと庭の玉砂利を踏む足音がした。Hさんはぎょっとして、あの音ってなんですか、と訊いた。

「大丈夫だよ。すぐ帰るから」

祖母は席を立って寝室にいったが、その顔は青ざめていたという。

# ラブホテルの一夜

埼玉県に住むNさんという女性から聞いた話である。

彼女の友人にRさんという女性がいる。三年前、Rさんは関西のキャバクラに勤めており、三人の男性とつきあっていた。ひとりはイケメンだが貧乏、もうひとりはかなり裕福、三人目もそれなりに経済力がある。

ある日、Rさんは貧乏な彼氏と京都へ遊びにいき、市内のラブホテルに泊まった。深夜、Rさんがベッドで横になっていると彼氏が何度もトイレにいく。彼女は疲れていたので眠りたかったが、つけっぱなしのテレビの音声が耳につく。

「ああ、もう――」

ベッドに半身を起こしたら隣に彼氏はおらず、テレビはミュートになっていた。またトイレかと思って眠ろうとしたが、トイレのほうから話し声がする。彼氏がスマホで誰かと話しているのか。それにしては、ときどき長い沈黙がある。

Rさんは気になってトイレにいった。声をかけても返事がないからドアを開けた。

彼氏は便器の上に全裸で立っており、天井の換気扇に顔をむけている。

「ちょっと——なにしてんの」

「誰かおるねん」

彼氏はなにがおかしいのか、へらへら笑っている。Rさんは彼氏の腕をひっぱってベッドに連れていった。しかし彼氏は寝ようとせず、

「ほら、呼んでるやん」

意味不明なことをいうから怖くなった。と同時に腹がたって、

「もういいから寝とき」

頭から布団をかぶったら、彼氏が立ちあがる気配があった。彼氏はひとりでぶつぶつしゃべっている。このままでは眠れない。頭にきて飛び起きたら、彼氏は隣で眠っており、見知らぬ若い男女がベッドの上に立っていた。

男女は無表情で、こっちを見おろしている。

Rさんはまた布団をひっかぶり、うろおぼえの経を唱えた。

どのくらいそうしていたのか、自分でもわからない。

おずおずと布団から顔をだすと、男女の姿はなく、窓のカーテンの隙間から朝の光が見えた。それで安堵して、すこしだけ眠れた。

Rさんは起きてまもなく、彼氏を揺り起こしてラブホテルをあとにした。彼氏はゆうべのことをまったくおぼえておらず、

「部屋の外がうるさかった」

わけのわからないことをいった。


Rさんが自宅に帰ると、かなり裕福な彼氏から電話があった。

「ゆうべ、まちがえて電話かけてきただろ」

彼氏がいうには、午前三時ごろRさんから着信があった。電話にでたら男女の話し声がする。おおかたスマホがなにかに触れて、勝手に発信したのだろう。耳を澄ませていたら、男女がくすくす笑いだした。

「むかついたから切った。おまえ男がいるだろ」

Rさんはちがうといったが彼氏は激怒していて、それきり連絡がとれなくなった。

貧乏な彼氏とは、そのあとも関係が続いた。しかし顔をみるたび、

「こいつのせいで、でかい魚を逃した」

そんな憤りが湧くので別れることにした。

Rさんはその後、それなりに経済力のある彼氏と結婚したという。

Rさんが泊まったラブホテルを日本唯一の事故物件公示サイト「大島てる」で検索すると、事件や事故を示す炎のマークが五つもあった。

投稿を要約すると、一九九七年に三十代から四十代くらいの男性が首吊り自殺、二〇一六年に若い男女が浴室で練炭自殺、二〇一七年にホテル従業員が自殺、二〇二〇年に男女が自殺を図り、男性のみ死亡、時期不明で心理的瑕疵とある。

最後の時期不明で心理的瑕疵はほかの事件との重複かもしれない。二〇二〇年の自殺未遂は投稿を読む限り、硫化水素とおぼしい。投稿の内容が正確とは限らないが、このラブホテルにRさんが泊まったのは二〇二〇年だという。

## 闇坂（くらやみざか）

神奈川県に住むCさんという女性の話である。

彼女の祖父は、かつて都内で食品関連の会社をいくつも経営していた。祖父は早めに引退し、実家でCさんとその両親といっしょに住んでいた。

ある夜、夕食のあと家族でテレビを観ていると、幽霊がらみのドラマがはじまった。

Cさんの父親が祖父に訊いた。

「そういえば、昔幽霊見たっていってなかった？」

「――うん」

祖父はうなずいてテレビを消すようにいった。

数十年前、祖父が経営する会社の近くに、細い坂道があった。祖父は会社の行き帰りに、坂道の石段をのぼりおりするのが常だった。

ある夜、その石段に黒っぽい着物姿の女が立っていた。女は横をむいて建物の壁を見つめている。顔はよく見えないが、壁にはなにもないから、

「変わったひとがいるな」

祖父は首をかしげて通りすぎた。

それから何日か経った夜だった。

さっき会社の事務所をでた男性社員が駆けもどってきて、

「ああ怖かった――」

おびえた表情で荒い息を吐いている。坂道の石段で、黒っぽい着物姿の女を見たという。祖父はあの女だと思って、

「壁のほうをむいてたか」

「いいえ。でも死んだひとの顔でした」

「死んだひとの顔って、どんなのだよ」

「顔が紫色で眼が白いんです」

祖父はそのときはじめて、あの女は幽霊だったのかと思った。

後日、仕事が終わったあと専務にその話をすると、

「幽霊なんかいるはずがない。なにかの見まちがいですよ」

専務は笑って帰っていった。

祖父はそのあと社員たちと茶を飲んでいた。

まもなく、ガラスが割れるけたたましい音がした。専務が事務所のガラス戸を突き破って転がりこんでくると、真っ青な顔で叫んだ。

「幽霊いますッ」

なにを見たのか訊いても、かたくなに口をつぐみ、その後もしゃべらなかった。

祖父は坂道を通るのをやめ、社内で幽霊の話は二度としなかったという。


糸柳はCさんに坂道の場所を訊いた。

「祖父はもう亡くなったんで、はっきりわかりませんけど、四谷の近くで縁起の悪い怖い名前の坂だといってました」

四谷付近で「縁起の悪い怖い名前の坂」といえば、暗坂(くらやみざか)と闇坂がある。現在階段があるのは前者(暗闇坂とも書く)だが、後者も以前は階段があったという。

Cさんの祖父が着物姿の女を見たのは、このどちらかとおぼしい。

# きょうのはちがう

名古屋に住むIさんという女性の話である。

彼女は以前新宿に住んでいて、AさんとBさんという女友だちがいた。

ある夜、ふたりが歌舞伎町へむかって歩いていると、

「あッ」

Bさんが叫んで大きくのけぞった。

どしたの。Aさんが訊いた瞬間、ぱーんッ、と大きな音がした。なんの音だろう。

あたりを見まわしていると、Bさんはスマホで警察に電話した。いまホテルの上から女性が飛びおりたといっている。

電話を切ったBさんに、どこに落ちたのか訊いたが、

「飛びおりるのは見たけど、怖くて眼をそらしたから、よくわかんない」

まもなくパトカーと救急車が到着した。Bさんから事情を聞いた警官は、

「あなたも見ましたか」

Aさんは大きな音が聞こえたが、ひとが飛びおりる姿は見ていないと答えた。警官はホテルの女性従業員からも話を聞き、救急隊員と付近を捜索した。従業員はホテルの建物を指さして、Bさんに訊いた。

「そのひとが飛びおりたのは、あのへんですか」

「はい。そうです」

「よく飛びおりるひとがいるけど、きょうのはちがうと思います」

結局遺体は発見されず、警官と救急隊員はひきあげていった。

このホテルは歌舞伎町周辺に系列店がいくつかあって、Bさんが飛びおりる女性を目撃したのがどれか特定できなかった。ただ「大島てる」で検索すると、そのすべてが事故物件で、女性の飛びおり自殺も起きていた。

# バッグの中身

怪談会の席で、前述のIさんの話に続いてYさんという男性が口を開いた。

「似たようなことを聞いたことがあります」

Yさんは歌舞伎町のホストクラブに勤める友人がいる。その友人や同僚のホストがよく利用するホテルは、ふた月に一度くらいの割合で女性が自殺する。店長からは、メンタルが弱い女性とそのホテルにいかないよう指示されている。

「さっきまで元気だった女性が、そのホテルに入ったとたん、突然わがままになったり、死にたいっていったりするそうです」

あるとき同僚のホストが客の女性とそのホテルにいくと、彼女が急におびえだしたので部屋に入らず帰った。彼女によれば、ホテルのあちこちに女がうずくまり、こっちをにらんでいたという。

糸柳はYさんに頼んで、友人のホスト——Oさんを紹介してもらった。

花園(はなぞの)神社で待ちあわせてから、Oさんの案内で問題のホテルの前までいったあと、マンションの一階にある喫茶店で取材をはじめた。

「客の話はしたくなさそうやったけど、しつこく聞いて教えてもろた」

Oさんたちホストが客の女性とホテルにいくのは、枕営業で売上げをあげるためか、泥酔して自制心を失ったかの二種類だという。Oさんは客の自殺に遭遇していないが、そんな経験のある先輩や同僚は多い。

「世間のイメージやと、貢(みつ)がせたホストを怨(うら)んだ客が自殺するみたいな感じやけど、そういうのはあんまりないらしい。もともと死にたい願望があったり、ひとりで思いつめたりする客が自殺するていうとった」

Oさんの同僚は泥酔して、客の女性に無理やりホテルへ連れこまれた。特に口論もなく思いあたる原因もないが、彼がベッドで眠っているあいだに、女性はホテルから飛びおりて亡くなったという。

新人ホストの場合、客の女性が自殺するとしばらく落ちこんでしまう。それだけでなく、なにか災(わざわ)いがふりかかるのではないかとおびえる場合もある。

店長は図太い性格で、そういうものをまったく信じていない。

しかし、そのホストクラブでは不可解な現象が頻発していた。

スマホで撮影した画像に黒い顔の女が写る。店内に飾られた花のあいだから、がりがりに痩せた女が覗く。女性客がトイレで女の幽霊を見たという。ホストのなかには怖がる者もいたが、店長の手前口をつぐんでいた。

ある日、店長は営業が終わるとホストたちを帰らせた。閉店後はいつも新人ホストが掃除をするが、それもしなくていいという。

「あとで業者がくるから」

店長は、幹部ホストとふたりで店に残った。

翌日、Oさんが出勤すると店内の壁にかけてあった鏡が、べつのものに変わっていた。幹部ホストにわけを聞くと、こんな話をした。

きのうホストたちが帰ったあと「業者」の男たちが店にきた。「業者」は店長が京都から呼んだ拝み屋で、いまからお祓いをするという。

店長はそういうものを信じていないのに、なぜお祓いをするのか疑問だった。幹部ホストもやはり信じていないので、ボックス席のソファでうとうとしていた。

ところが拝み屋たちが経を唱えだしたとたん、店内の空気が急に冷たくなって眼が覚めた。なにが起きたのかと思って拝み屋たちを見ていたら、壁にかけてある鏡が大きな音をたてて砕け散った。

幹部ホストと店長は驚いたが、鏡が割れたことよりも、まったく動じることなく経を唱え続ける拝み屋たちのほうが怖かったという。


ある夜、Oさんは店長と呑みにいった。

店長は珍しく酔って上機嫌で、ふだんは口にしないことを話している。お祓いのことがずっと気になっていたOさんは、いまなら訊いても大丈夫だろうと思って、

「お祓いのとき鏡が割れたって、ほんとですか」

即座に店長は、あんなのふつうよ、といった。

「もっと怖いことがあった」

店長は、以前働いていた店のオーナーと仲がよく、マンションの一室で同居していたことがある。オーナーは裏社会の人間とつきあいがあり、ときおり表にだせないものを預かっていた。

ある日、店長が帰宅して玄関のドアを開けようとしたら、ドアチェーンがかかって

いた。店長はオーナーにドアチェーンをはずしてもらって部屋に入り、

「なんでチェーンしてるんすか」

怖いから、とオーナーは答えた。やけにおびえているのでドラッグでもやっているのかと思ったが、そんな様子はない。

リビングでテレビを観ていると、押入れから音がした。

チャチャチャ。チャチャチャチャ。

短く舌打ちをするような湿った音でもあり、小動物が動きまわるような音でもある。気になって押入れを開けたら、見慣れない大きなバッグがあって、それが前後左右に揺れている。店長はオーナーに訊いた。

「これ、なんすか」

「わかんない。預かっただけ」

店長は押入れを閉めたが、チャチャチャチャという音は続いている。

「もしかして動物が入ってるんじゃないすか」

「動物ならやばいね」

「開けちゃだめなんすか」

「たぶん」

「でも確認したほうがいいっすよ」

「――うん」

店長がふたたび押入れを開けたら、バッグはさっきより烈しく揺れている。チャチャチャという音も大きくなった。恐る恐るバッグに触れると硬い感触がある。動物ではなさそうだが、いったいなんなのか。

「開けますよ」

オーナーはうなずいたので、バッグを開けた。なかには病院で処方される薬袋と木箱があった。木箱には、高級な洋酒の銘柄が記されている。硬い感触はこれだったのかと思いつつ木箱の蓋を開けたら、肉の塊のような赤黒いものがあった。

「うわッ」

思わず声をあげた瞬間、玄関のドアノブががちゃがちゃまわる音がした。誰かがバッグをとりにきたのかもしれない。店長は木箱の蓋を閉めてバッグにしまい、玄関にいった。ドアスコープを覗いたが、誰もいない。オーナーがいった。

「誰もいないだろ。ちゃんとチェーンかけといて」

いわれたとおりにしてリビングにもどった。

オーナーがいうには、店長がでかけているあいだも、玄関のドアノブががちゃがちやまわっていた。ドアスコープを覗くと誰もいないので、怖くなってドアチェーンをかけたという。

「あのバッグ、なかに肉の塊みたいなのが入ってたっすよ」

店長がそういったら、また押入れからチャチャチャチャと音がした。同時に玄関のドアノブががちゃがちゃ鳴りはじめたから、ふたりは縮こまって震えていた。

それからもチャチャチャチャという音は断続的に続いていた。店長は金縛りに遭ったり、不気味な夢を見たりして怖くてたまらなかった。オーナーが誰かにバッグをかえすと異変はおさまったが、押入れにはなにかが腐ったような臭いが残っていた。

「だいたい、そこのマンションが変だったんすよね」

とOさんはいった。彼もそのマンションに出入りしたことがあるが、ほとんどの住人が堅気ではなく、暴力沙汰やトラブルは日常茶飯事で、飛びおり自殺や首吊り自殺は何度もあった。Oさんはマンションのなかで、あきらかに人間が入っているとしか思えない袋を担いだ男たちや、経を唱えながら塩をまいて歩く僧侶を見た。

糸柳がマンション名と場所を訊いたら、Oさんは急に眼を泳がせて、

「――後日連絡します」

糸柳は取材を終えてOさんと喫茶店をでた。すこし歩いたところでOさんは振りかえって、いまでてきた喫茶店の上にあるマンションを指さした。

「あそこです」

Oさんによると、途中から隣の席にきた強面(こわもて)の男が聞き耳をたてていたので、話せなかったという。バッグの中身は、まったく不明である。

# 京都の人影

上間は京都府に住むMさんという男性から、こんな話を聞いた。

深夜、Mさんは車で太秦から嵐山方面へむかっていた。住宅街の細い通りを走っていたら、道路脇から二メートル以上はありそうな巨大な人影が飛びだしてきた。あわててブレーキを踏むと、車は人影にぶつかる寸前で停まった。人影はヘッドライトで照らされているのに真っ黒で、悠然と道を横切り、民家をすり抜けるようにして消えたという。

上間はYさんという女性から、こんな話を聞いた。彼女は大学生のころ、バイトが終わると、京都市を南北に走る堀川通を通って自宅に帰るのが常だった。

ある夜、Yさんが自転車を押しながら堀川通を歩いていると、一条戻橋にさしかかった。一条戻橋は六・二メートルの短い橋だが、平安遷都とともに架橋されたという長い歴史を持ち、さまざまな伝説がある。

平安時代中期の武将、渡辺綱は名刀「髭切」で鬼女の腕を切り落としたが、鬼女と会ったのは一条戻橋のたもとである。陰陽師で知られる安倍晴明は、一条戻橋の下に式神を隠したといわれている。

Yさんは一条戻橋を渡ろうとして、橋の下に子どもたちの人影があるのに気づいた。はじめはサッカーでもしているように見えたが、人影はみんな真っ黒だった。橋のそばにある街灯の明かりの下でも顔はわからず、黒いままだった。

「見られてはいけない」

Yさんはそんな気がして、こっそり自転車を押した。とたんにタイヤが軋む音がして、子どもたちがいっせいにこっちをむいた。彼女は急いで自転車に乗って懸命にペダルを漕いだが、いくつもの足音が追いかけてくる。

「このままじゃ捕まる――」

と思ったとき、足音は自転車を追い抜いて消えていった。

上間はSさんという男性から、こんな話を聞いた。

Sさんも大学生のころ、京都に住んでいた。

ある夜、彼はバイト帰りにバイクで堀川通を走っていた。北大路通(きたおおじどおり)の手前まできたとき、中央分離帯の植えこみに黒い人影がうずくまっていた。

「あんなところで、なにしてるんだろう」

不審に思いながらも、そのまま通りすぎた。

それから毎晩おなじ場所で、人影がうずくまっているのを見かけた。Sさんはますます不審に思ったが、バイクを停めてまで見にいく気にはなれなかった。

ある夜、中央分離帯にさしかかると、植えこみのなかに人影が立っていた。きょうはいつもとちがうと思ったら、バイクのヘッドライトに照らされても人影は真っ黒なままだった。Sさんは怖くなったが、その夜を境に人影はいなくなったという。

後日、Sさんはべつの場所でも真っ黒な人影を見た。

ある夜、Sさんは友人の男性と、家の近くの船岡山(ふなおかやま)へ散歩にいった。船岡山は標高一一二メートルで、のぼった感覚は丘に近い。船岡山の東南に織田信長(おだのぶなが)を祀った建勲(けんくん)神社があり、ふたりは暗い参道をのぼってお参りしたあと、入口の鳥居にもどってきた。鳥居を抜けて、なんとなく振りかえったら、山道の石段に男の人影があった。

人影はがっしりした体型で、ゆっくり石段をおりてくる。Sさんと友人はわけもなく足を止めて人影を見つめていたが、街灯の下まできても顔と軀は真っ黒だった。

「早く逃げなきゃ――」

Sさんは焦ったが、なぜか足が動かない。友人も隣で立ちすくんだままだ。真っ黒な人影は、とうとう鳥居の前まできた。もうすぐ捕まってしまうと思ったとき、人影が獣のような咆哮をあげた。

次の瞬間、足が動くようになった。ふたりは身をひるがえすと全速力で走った。あとで友人に聞いたところでは、真っ黒な人影は建勲神社の境内から、ふたりのあとをつけてきたが、怖がらせたくなくて黙っていたといった。

真っ黒な人影、あるいは真っ黒な人物は京都に限らず、目撃談が多い。「忌み地惨」でも、おなじことを書いた。怪異を分類するつもりはないが、体験者が語る幽霊はたいてい生前の姿をとどめているのに、なぜ真っ黒なのかが気になる。

# 後ろの顔

　上間は愛知県に住むUさんという女性から、こんな話を聞いた。

　数年前、Uさんは夫と結婚十周年を記念して、三重県へ旅行にいった。お気に入りの宿に泊まった翌日、帰る途中である神社を訪れた。その神社には過去に何度も参拝していたが、今回は特別な旅行とあって、いつもとちがうことをしたかった。

「大鳥居の前で、記念写真を撮りたかったんです。神聖な場所だから、いままでは畏(おそ)れ多くて遠慮してたんですけど、思い出に一枚だけ撮らせてもらおうと――」

　神社に着くと、大鳥居の前には大勢のひとびとがならんでいた。撮影スポットとして人気があるらしい。列にならんでしばらく待つと、ようやく順番がまわってきた。

　Uさんは夫と顔を寄せあい、手にしたスマホを掲げて自撮りの体勢になった。シャッターボタンに触れた瞬間、ぞわッ、と背筋が冷たくなった。

　撮ってはいけない。そんな気がしたが、もう遅かった。

「いまのは、なんだったんだろうって思いました。でも後ろがつかえてたので――」

画像を確認する余裕もなく、その場を離れて神社で参拝した。

Uさんが旅行から自宅に帰った夜だった。

夕食をすませ風呂に入ろうとしたとき、記念写真のことを思いだした。

スマホをだして画像を見ると、Uさんと夫は笑顔で映っている。が、夫の首に墨汁のような黒い煙がまとわりつき、そこから紫色の棒のようなものが突きでている。どう見ても異常な画像だったが、夫にはいわず浴室にいった。

湯船に浸かったあと、バスチェアにかけて髪を洗った。浴室の壁に縦長の鏡がある。曇り止めがきかないせいで、白く曇った鏡に自分の顔がぼんやり映っているが、どういうわけか頭が異様に大きく、ふだんの倍ほどもある。

髪が泡だっているからそう見えるのかと思って、片手で頭を押さえてみたら、背後にピンク色のものがあった。鏡に眼を凝らすと、人間の肌のように見える。

「わたしの後ろに、すごく大きな顔があったんです」

シャワーの湯を鏡にかければ曇りがとれて、もっとはっきり見える。が、怖くてそれはできなかった。Uさんは大急ぎで髪をすすぎ、びしょ濡れで浴室を走りでた。

それからは自分の後ろになにかいる気がして、鏡が見られなかった。シンクのステンレスやスマホの画面といった顔が映るものは、すべて顔をそむけた。

三日後、Uさんは近所の神社へいって相談した。そこで画像を消すようにいわれ、お祓いを受けた。それからはなにごともなく、夫もふだんどおりだった。

「神聖な神社で、どうしてあんなものが映ったんだろうって思いました。でも、よく考えてみたら、記念写真を撮ったのは大鳥居に入る前だったんです」

鳥居は、われわれが暮らす俗世と神域の境界とされている。しかし次の話のように鳥居にまつわる怪異の体験者もいる。

# 白い鳥居

上間は千葉県に住むYさんという女性から、こんな話を聞いた。

三十年ほど前、当時十九歳だったYさんは両親と埼玉県に住んでいた。彼女は高校卒業と同時に自動車免許を取得し、運送会社でトラックの運転手をしていた。

「そのころは女性の運転手はすくなかったけど、特別あつかいはなかったです。でも車の運転が好きなので、ぜんぜん苦になりませんでした」

ある夜、仕事から帰ったYさんは両親をドライブに誘った。目的地は、景色がきれいだと聞いていた千葉県鴨川(かもがわ)市である。

「急に日ごろの恩返しがしたいって思ったんです。父はノリがいいから、すぐ賛成しました。母は『こんな夜から?』とか『どこに泊まるの』とか『お化粧しなきゃ』とかいってましたけど、どうにか説得しました」

Yさんは父の車を運転し、自宅を出発した。

父は助手席、母は後部座席にいる。カーナビはまだ普及していなかったので、地図を頭に入れて走った。遅い時間で道路は空いていたので高速は使わず、下道を通った。すこしして父はいびきをかいて眠り、Yさんは母としゃべりながら運転した。

車は快調に走って千葉県に入ったが、いつのまにか山道に迷いこんだ。山道はせまく、車がぎりぎりすれちがえる幅しかない。ひきかえそうかと思ったが、そのうちどこかへでるだろうと思って走り続けた。

真っ暗でガードレールのない道を進んでいくと、前方に対向車のヘッドライトが見えた。対向車がいるということは、どこかに抜けられるはずだ。

Yさんは安堵して車を徐行させ、路肩に寄せた。

対抗車はこっちに近づいてくると、左側に曲がって見えなくなった。こんなところに脇道があるのかと思ったが、対抗車が曲がった場所を見て、眼を疑った。そこは木が鬱蒼と生い茂っており、車が通れるような道はなかった。

「対向車は消えちゃったんです。母にいまのを見たか訊きたかったけど、見たっていわれたら怖いんで、黙ってました」

父は、あいかわらず助手席でいびきをかいている。

さらに進んでいくと、大きな白い鳥居が見えてきた。道はそこでふたつに分岐している。ひとつは白い鳥居をくぐる道、もうひとつはいままでどおりの山道である。白い鳥居のむこうに眼を凝らしたが、よく見えない。

Yさんは迷った末に山道を選んだ。まもなくちいさな橋にさしかかった。車一台が通れる幅しかなく、橋の長さは三メートルもなさそうだった。

その橋を渡ったとたん、あたりの景色が一変した。街灯がともった広い道路を車が行き交っており、コンビニの看板が見える。Yさんはコンビニの駐車場に車を停め、大きな溜息を吐くと後部座席の母を振りかえって、

「さっきの見た?」

Yさんは対向車のことを訊くつもりだったが、母は大きくうなずいて、

「見たよ。橋のところの親子でしょ」

母によれば、さっき渡ったちいさな橋に白い着物姿の男女と男の子がいた。三人は橋の欄干に背中をくっつけるようにして佇んでおり、無表情でこっちを見ていたという。さらに母は、白い鳥居が怖かったといった。

「白い鳥居の先は崖だったっていうんです。わたしがどっちの道にいくか迷ってたとき、鳥居のほうへいくんじゃないかと思って、ひやひやしたって」

母は後部座席にいたのに、なぜ白い鳥居の先が見えたのか。消えた対向車はなんだったのか、Yさんは不安におびえつつも夜が明けるまでドライブを続け、両親と鴨川市の景色を楽しんで帰宅した。

上間はYさんにそのとき通った山道の場所を訊いたが、わからなかった。けれども「山道」「白い鳥居」「短い橋」といったキーワードでネットの地図を検索すると、条件に近い場所を発見した。上間は近いうちに、そこを調べる予定である。

## 作業着の男

糸柳は埼玉県に住むHさんという男性から、こんな話を聞いた。

Hさんが勤める会社は特殊な装置の製作と販売をおこなっている。特殊な装置だけに社名の特定を避けるため詳細は書けないが、そこの営業所では多くの社員が怪異に遭遇している。

朝出勤すると給湯室の蛇口が全開になっている。退社時に消灯して警備会社のセキュリティシステムを作動させたのに、外にでたら営業所の窓に明かりがついている。機材を置いた倉庫で不審な人影を見た。

そんな証言がいくつもあるが、あたりは田畑がひろがるのどかな環境で、特にいわくがあるわけではない。糸柳はHさんから話を聞いて、

「このままでは怪談として弱いと思うたけど、三日後に電話があって——」

夜、Hさんの同僚がふたり、営業所内の事務所で残業をしていた。

そろそろ帰ろうかと話していたら、廊下を走る足音がする。窓に眼をやると作業着姿の男が走りすぎた。

「いまの誰？」

「さあ――」

ふたりが廊下にでると、突きあたりにある本棚の前に、こっちに背中をむけて男が立っていた。おずおずと近づいたら本棚のガラス扉に反射して、男の顔がはっきり見えた。見知らぬ顔だし、青いラインが入った作業着は会社のものではない。

生身の人間にしか見えないから、部外者が侵入したのかと思ったが、男は身じろぎもせず、じっと一点を見つめている。その姿が怖くて、ふたりはなにもいえずに会社をあとにした。

翌日ふたりは、ゆうべの男のことを上司に話した。

どんな奴だと訊かれたが、ごくふつうの顔としかいえない。

「そういえば、青いラインが入った作業服を着てました」

「うちの昔の作業着だ――」

上司は血の気が失せた顔でつぶやいた。

# おせんころがし

今年の五月、上間は「おせんころがし」へ取材にいった。

おせんころがしとは千葉県勝浦(かつうら)市から鴨川市小湊(こみなと)に続く約四キロの断崖の通称で、昭和四十年代に国道が開通するまでは陸の難所として知られていた。

名称の由来は、かつてこの地を治めた領主の娘「お仙(せん)」である。領主の重い年貢に苦しむ領民は、秋祭りの夜、酒に酔って寝こんだ領主を担ぎだし、断崖から突き落とした。

翌日、断崖から浜におりてみると、死んでいたのは領主の衣裳を身につけたお仙だったという。この伝承には諸説あるが、崖の上には「孝女お仙之碑」と刻まれた供養塔が建てられている。

おせんころがしを一躍有名にしたのは、一九五一年に起きた「おせんころがし殺人事件」である。犯人の栗田(くりた)源蔵(げんぞう)は、偶然出会った母子四名を暴行目的でおせんころがしに誘いだすと断崖から投げ落とし、三名を殺害した。栗田源蔵はほかでも五名を殺害しており、一九五九年に死刑が執行された。

おせんころがしは過去に投身自殺や転落死亡事故が多発し、心霊スポットとしても名高い。夜は真っ暗でひと気はないが、肝試しに訪れる若者があとを絶たない。

上間は現地に着くと、まずお仙の供養塔に手をあわせた。

足元の草むらには、青い紙に包まれた花束があった。自殺者に手向けたとおぼしい枯れた花束に眼をむけたとき、

「ぎゃーッ」

崖の反対側の森から、女の叫び声がした。

あたりには誰もいないし、人家もない。上間は取材にきたのも忘れてその場を離れ、歩いて十五分ほどの大沢港へいった。そこで声をかけたHさんという二十代の男性から、こんな話を聞いた。

Hさんは高校生のころ、友人たちとおせんころがしへ肝試しにいった。

街灯のない暗い道をスマホのライトで照らしながら進んでいくと、道の脇にある森

に女が立っていた。横顔しか見えないが、白い肌の若い女だった。

「あのひと、なにしてるんだろ」

Hさんはそうつぶやいた。友人たちは女が見えていないのか、

「どこ？」

「そんなひといないけど――」

人間にしか見えないが、もしかして幽霊なのか。Hさんは小走りで女に近づいた。

女は横をむいたまま、こっちを見ようとしない。女のすぐそばまできたとき、思わず顔をそむけた。

スマホのライトに照らされた女は腰から下がなく、宙に浮かんでいた。Hさんはあわてて、もとの道にひきかえした。

見てはいけないものを見た。

そんな気がして、友人たちには眼の錯覚だったとごまかした。恐る恐る森に眼をやると、もう女はいなかった。

それからしばらく経った夜だった。

Hさんの実家は大沢港のそばにある。自分の部屋で遅くまで起きていたHさんは、

布団を敷いて横になった。疲れていたのでまもなく眠ったが、ざあざあという波の音で眼を覚ました。

目蓋を開けると、暗い夜空に月がぼんやり浮かんでいる。吹きつける夜風は冷たく、潮の香りがする。自分の部屋で寝ていたのに、なぜ外にいるのか。

わけがわからず起きあがったら、眼の前に供養塔があった。おせんころがしだとわかって身震いがした。Hさんは寝間着姿で裸足だった。実家からここまでは、どんなに急いでも二十分はかかる。それを裸足で歩いてきたのか。

布団に入ってからのことが、まったく思いだせない。Hさんはよろよろ立ちあがって、あたりを見まわした。供養塔の横に柵があり「危ない！　近づかないで」と書かれた看板がある。その柵のむこうに女が浮かんでいた。

夜目にも白い顔の女は三十代くらいで、こっちをじっと見つめている。

「このひとに呼ばれたんだ――」

Hさんは足裏に小石が刺さるのもかまわず、実家へむかって走った。それ以来、おせんころがしには近づかないようにしたという。

上間は供養塔で聞いた女の叫び声を思いだして、Hさんに話した。

「あの叫び声は、宙に浮かんでた女と関係があるんじゃ――」

上間がそういったらHさんは笑って、

「ああ、それはキョンです」

「キョン？」

キョンは体長五、六十センチの小型の鹿で特定外来生物に指定されている。キョンは、ぎゃーッと不気味な声で鳴くので周辺住民は迷惑しているという。

「はは、キョンですか」

上間はその鳴き声を聞いて逃げだしたことはいわなかった。

# 旧道のトンネル　その一

おせんころがしで不可解な体験をしたHさんは、

「もうあそこにはいきたくないんですけど――」

そういいながらも自分が女を見た場所に上間を案内し、細かく説明してくれた。

上間はその礼がしたくてHさんを夕食に誘った。土地勘がないのでHさんが運転する車で、彼が行きつけの居酒屋へいった。居酒屋は大型の店舗で、かなりの席数がある。ふたりはキンメの煮つけを肴にノンアルコールビールを呑んだが、夜が更けると客は自分たちだけになった。

上間は、手持ち無沙汰にしている従業員たちに声をかけた。

「おせんころがしへ取材にきたのですが、なにか怖い話や不思議な話は――」

するとKさんという五十代の男性が席にきて、こんな話をしてくれた。

　Kさんの中学校の同級生に、Oさんという女の子がいた。

　Oさんの実家はおせんころがしから三キロほど離れた誕生寺の敷地で、売店とそば屋を営んでいた。誕生寺は日蓮宗の大本山として、多くの信徒が訪れる。彼女は休日や放課後、売店の店番をするのが常だった。

　ある日の夕方、いつものように店番をしていると、店の前にバイクが停まり、黒いライダースーツの男がおりてきた。男はフルフェイスのヘルメットをかぶったまま店内に駆けこんできた。

　男はOさんの前に立って、むしりとるようにヘルメットをはずし、

「でた、でた。でたあッ」

　大きな震え声をあげた。歳は四十代くらいで、唇の端に白く唾が溜まっている。

　意味がわからず彼女がきょとんとしていると、

「だから、でたんだって。そこのトンネルで——」

　誕生寺の前には国道が開通するまで使われていた細い道があり、旧道と呼ばれている。そこのトンネルとは、その旧道にある手掘りの短いトンネルだ。

　男はおせんころがしを見にいったあとトンネルに入ったが、途中でがくんと衝撃があり、バイクが停まった。一瞬エンジンが故障したのかと思ったが、アクセルをまわ

すと回転数はあがる。それなのに、タイヤは地面をこするばかりで前に進めない。

「変だなと思って後ろを見たら——」

髪を振り乱した女がいて、バイクの車体を両手でつかんでいた。女は赤い口を大きく開け、白眼を剝いている。

男は悲鳴をあげて前をむき、アクセルを全開にした。バイクは前輪を浮かせて急発進し、たちまちトンネルを抜けだした。

「あの女がついてきてるんじゃないかって気が気じゃなかった。ミラーで後ろ見ながら突っ走ったら、この店があったんだ」

男は口から泡を飛ばしてまくしたてた。よほど怖かったのか、眼には涙がにじんでいる。大の男が中学生の前で、そんな姿を見せるとは異様である。

Kさんは学校で、Oさんからこの話を聞いたが、いまも忘れられないという。

「あの子はいってたよ。あれはほんとだろうって——」

# 座敷童子(わらし)

　Kさんはライダースーツの男の話をしたあと、べつの従業員の男性を呼んできた。

「このひと怪談集めてるんだって。あの話をしてやんなよ」

　上間たちの席は怪談会の様相を呈してきた。

　従業員のSさんは、姉妹店の居酒屋にときどき応援にいく。その姉妹店の店長から、こんな話を聞いたという。

　ある夜の閉店後、店長が事務室で伝票を整理していると、厨房からぱんぱんと手を叩く音がした。従業員は先に帰ったから、店内には自分しかいない。

「誰か残ってるのかな」

　厨房を覗くと誰もいない。気のせいかと思って事務室にもどると、また厨房から手を叩く音がするが、やはり誰もいない。それが何回も繰りかえされた。

　べつの日の午前三時ごろだった。

その日は弁当の注文が大量に入っていたので、従業員が総出で調理をしていた。営業時間ではないから、照明がついているのは厨房だけで店内は暗い。

店長が弁当を詰めていたら、ピンポーンとチャイムが鳴った。客が従業員を呼ぶためのボタンを押した音である。いつもは店長が閉店後に受信機の電源を切るが、それを忘れていたので誤作動したらしい。

店長が受信機を確認すると、電源は切ってあった。チャイムが鳴るはずはないから従業員たちも首をかしげた。

姉妹店ではそんな現象がたびたび起こるが、

「この店でもあったんですよ」

とSさんはいった。


ある日の午後、ランチタイムのピークをすぎたころだった。

Sさんが厨房の前を通りかかると、調理担当の従業員が顔をだして、

「あそこ、お客さん呼んでるよ」

廊下の先にある個室を指さした。

そこに眼をやると、開いた襖から白い腕がでていて掌(てのひら)がひらひら揺れている。ち

いさな掌からして、客の子どもだと思った。

手招きしているようだから、Ｓさんは急いで個室にいき、

「お呼びでしょうか」

声をかけたが、個室には誰もいなかった。

あとで同僚にその話をすると、座敷童子ではないかといった。

「だって子どもの手だったんでしょう」

座敷童子は縁起がいいと聞いているから、怖くないと思った。

その夜、Ｓさんは仕事を終えて原付バイクで自宅へむかった。途中にあるトンネルに入ったとたん、ずん、とバイクが沈んだ。重いものを乗せたせいで車体がさがったような感触だった。事実バイクの速度は落ちている。変だと思ってサイドミラーを見たら、シートの後ろに幼稚園児くらいの男の子が坐っていた。トンネルの照明に浮かぶ顔は無表情で、小首をかしげてこっちを見ている。

Ｓさんは全身の毛が逆立つのを感じつつ、フルスロットルでバイクを加速した。トンネルを抜けた瞬間、バイクが軽くなるのがわかった。

それでもサイドミラーには眼をむけず、スピードは落とさなかった。が、トンネル

をでてまもなく交差点があり、その先はカーブである。

「怖いから、すっかり忘れてたんですけど、急に思いだして——」

Sさんはあわてて減速し、バイクは赤信号の交差点で停まった。そのままのスピードで走っていたら、事故を起こすところだった。

その交差点は実際に事故が多発する。

「男の子は、もういませんでした。この店の個室で手を振ってたのは、あの子だったのか、それともべつのものだったのか——」

いずれにせよ座敷童子ではない気がする、とSさんはいった。

## 山道の電話ボックス

翌日、上間は誕生寺を訪れた。「旧道のトンネル」でライダースーツの男が駆けこんできた売店を探すためである。

横殴りの雨のなか、寺務所にいた僧侶に声をかけると、

「四十年も前じゃ、わかるひとはすくないでしょう。あの店で聞いてごらんなさい」

上間はこの地で長く続いているという土産物（みやげ）屋に入った。上間は名物の「鯛（たい）せんべい」を買い、応対にでてきたMさんという女性と話をした。

Mさんは夫とこの店を営んでおり、上間が探している売店はその親戚の店だったが、ずいぶん前に閉店したという。なぜそんなことを調べているのかと訊かれて「旧道のトンネル」の話をすると、

「このあたりは妙なことが起きるからねえ」

Mさんはそういって自身の体験を語った。

四十年ほど前、Mさんが高校生だったころ、森のなかの山道に電話ボックスがあった。まだ携帯やスマホがない時代である。あたりはカーブが多いので事故の際に連絡するためかもしれないが、真っ暗な山道に白く光った電話ボックスは不気味で、幽霊がでると噂されていた。

ある夜、Mさんは年上の友人が運転する車でドライブにいった。女性ばかり四人の車内はにぎやかで会話が弾んだが、あてもなく走っているうちに車は山道に入った。

「あの電話ボックスにいってみようってことになって――」

きゃあきゃあ騒ぎながら真っ暗な山道をのぼっていくと、車を運転していた友人がブレーキを踏んで、前方を指さした。

「ねえ、あれ見て」

ランドセルを背負った小学校低学年くらいの男の子が、こっちへとぼとぼ歩いてくる。夜更けにこんなところを歩く小学生はいない。

友人たちは気味悪がったが、

「なにか事情があるのかも。かわいそうだから乗せてあげようよ」

とMさんはいった。乗せる乗せないで口論していたら、男の子は車の脇を通りすぎた。やっぱり乗せてあげよう。後部座席に坐っていたMさんはドアを開け、

「ちょっと待って――」

声をかけたが、もう男の子はいなかった。

暗い山道とはいえ、一瞬で見失うはずがない。急いで車にもどると、友人たちもおびえきっていた。もはや電話ボックスを見る余裕などなく、Mさんは麓に着くまで怖くてたまらなかったという。

数日後、Mさんたちがドライブにいった山のなかで、母親とその息子と思われる遺体が発見された。遺体は身元不明で死因もわからなかった。そのせいか山道の電話ボックスに、息子を捜す母親の幽霊がでると噂になった。

「そんなのは信用できないけど、わたしたちが男の子を見たのはまちがいないよ」

## 坂道の猫

Mさんが電話ボックスの話を終えると、隣で聞いていた夫が口を開いた。

「ほら、花火大会のときの――あの猫」

「ああ、あれね」

Mさんはうなずいた。

十五年ほど前の夏だった。Mさん夫婦は三人の子どもを連れて鴨川市の花火大会を見にいった。花火を打ちあげるのは、すぐ近くの小湊漁港なので、自宅のマンションからも花火は見える。

「でも、その年は趣向を変えようと思って――」

おせんころがしの近くに太平洋を見渡せる高台がある。高台までは車で五分くらいの距離だった。そこから花火を見ることにして、家族は夫が運転する車に乗った。

高台へ続く坂道をのぼっていくと、道のまんなかに茶色い猫が寝そべっていた。クラクションを鳴らしても逃げようとしないが、怪我や病気ではなさそうだった。

もうすぐ打上げの時間だから車を路肩に寄せて通りすぎ、スピードをあげた。急なカーブをいくつか曲がり、高台が見えてくるはずだった。

しかしどういうわけか、坂道はまだ続いている。

「おとうさん、なにしてるの」

「花火大会はじまっちゃう」

子どもたちに急かされて、さらにスピードをあげたら、また道のまんなかに猫がいた。さっきとおなじ茶色の猫で、寝そべっている姿もおなじだった。しかたなく徐行して通りすぎたら、ドーンッと花火があがる音がした。

「もうはじまったよ」

「早く早く」

子どもたちの声に焦りが湧いた。

高台への道は一本しかない。とにかく進めば高台に着く。自分にそういい聞かせて車を走らせていたら、道のまんなかに猫が寝そべっていた。

さっきとまったくおなじ茶色の猫。

子どもたちも異変に気づいて黙りこんだ。花火の音があたりに響いている。

たちまち

「もう——帰ろうか」

誰も返事をしなかった。

車を何度も切りかえしてＵターンすると、あれほど坂道をのぼったのに、たちまち出発した場所に着いた。自宅に帰ると子どもたちがいった。

「あそこには、もう二度といきたくない」

# 旧道のトンネル　その二

　Mさんは夫が語り終えると、

「さっきの話で思いだしたんだけど、こんなことがあったよ」

　さっきの話とは「旧道のトンネル」である。

　五年ほど前、大学生の男の子が三人、買物にきた。三人はサークルの合宿で、近くのホテルに泊まっているという。そのなかのひとりが訊いた。

「おせんころがしって、どうやっていくんですか」

「なにしにいくの」

「なにっていうか、ぼくたち心霊スポットが好きなんで」

　今夜、おせんころがしへいってみたいという。

「夜はあぶないし、旧道のトンネルは怖いから、近づかないほうがいいよ」

　Mさんはそう前置きして、彼らに道筋を教えた。

翌朝、土産物屋を開店すると同時に、きのうの大学生たちが駆けこんできた。

「マジやばかった」

「めちゃくちゃ怖かった」

「死ぬかと思った」

三人はこわばった顔で騒ぎたてる。

Mさんはそれをなだめて、なにがあったのか訊いた。

ゆうべ三人は深夜になって、おせんころがしへむかった。真っ暗な山道をスマホのライトで照らして歩いていくと、最後尾を歩いていた男の子が背後から肩をつかまれた。振りかえると、黒髪で白い着物姿の女が立っていた。

「うわあッ」

彼の悲鳴に前を歩いていたふたりも振りかえり、女に気づいた。

最後尾の男の子は女の手を振り払い、三人は転がるように走った。三人が手にしたスマホのライトが揺れて、あたりをでたらめに照らす。後ろを見たら、女はあとを追ってくるから心臓が縮みあがった。

どこをどう走っているのかわからない。

　やがて道のむこうにトンネルが見えてきた。Mさんに近づかないほうがいいといわれた旧道のトンネルだと思ったが、気にする余裕はない。

　旧道のトンネルを走り抜けたら、また次のトンネルがあった。

　その手前の道の脇に、隠れられそうな茂みがある。ふたりはそこに飛びこんで息をひそめたが、先頭を走っていたひとりは次のトンネルに入っていった。

「呼び止めたかったんですけど、女に気づかれると思って――」

　スマホのライトを消した。

　しばらくして様子を窺うと女はいなかったので、トンネルへ入った友人に電話すると、そこから二キロも離れた駅に隠れていた。ふたりは次のトンネルを通って友人を迎えにいったという。

　Mさんは三人の話を聞いて溜息をつくと、

「怖がらせるようで悪いけど、次のトンネルなんてないよ。旧道にトンネルはひとつしかないから」

　おせんころがしやその周辺は、なぜ怪異が頻発するのか。

　上間がそれを訊ねると、Mさんはいった。

「このへんは、ひとがたくさん亡くなってるからね。おせんころがしや山道だけじゃない。海のほうだって――」

付近の浜辺には、ときおり遺体が流れつく。投身自殺や転落事故ではなく、どこから漂着した遺体もある。

「いつだったか、大きな珊瑚を拾ったってお客がきたんだけど――」

それは珊瑚ではなく、人間の大腿骨だった。

「でも、ここはほんとにいいところだから、また遊びにおいで」

別れ際にMさんはそういって、がはは、と笑った。

# 道ばたの毛布

　糸柳は都内に住むEさんという男性から、こんな話を聞いた。

　Eさんは現在四十代後半で、大阪のある街で生まれ育った。当時その地域は病死や自殺、殺人など変死が多く、幼いときから何度も屍体を見かけた。

「アパートの窓から首吊ってんのが見えたり、低い建物から飛びおりて、死にきれずにもがいてるひとが道ばたにおったり、そんなんふつうやったらしい」

　あるときEさんが公園で遊んでいたら、中年の男がふらふら近づいてきて、

「おい、これ抜いてくれ」

　なんのことかと思ったら、背中に深々と包丁が刺さっていた。幼い子どもにそんなことができるはずもなく、おっちゃん無理やで、と答えた。

「せやな。ほな病院いくわ」

　男は踵をかえしたが何歩も歩かないうちに、うーん、とうなって死んだ。

Eさんが十代後半のころだった。その夜、友人と三人で呑みにいった。むろん未成年だが、その地域では誰も咎めない。

酔っぱらった帰り道、わあわあ騒ぎながら歩いていると、格安の古いホテルの前に毛布が積んであった。Lさんという男性がその上に飛び乗って叫んだ。

「おやすみッ」

Eさんたちが笑っていたら、Lさんは毛布にもぐりこみ、また叫んだ。

「この毛布臭ッ」

そのとき、ホテルから中年男が飛びだしてきて怒鳴った。

「あほかッ。なにさらしとんねん」

Lさんはあわてて起きあがったが、なぜか顔が真っ黒に汚れている。めくれた毛布の下から、もっと真っ黒な男の顔が覗いている。

それが腐乱した屍体だとわかった瞬間、Lさんたちはその場で嘔吐した。

「中年男はホテルの支配人かなんかで、その屍体どっかで見つけたけど、臭くてたまらんから従業員と毛布かけて運んで、警察呼んでる最中やったらしい」

三人は公園のトイレで顔や手を洗ったが、怖くて帰る気になれない。

「験なおしに、もう一軒いこうや」

近くの居酒屋にいくと、べつの友人も電話で呼んで呑みはじめた。いつのまにかLさんがいなくなったが、先に帰ったのだろうと思った。

すこしして電話で呼んだ友人が居酒屋にきて、

「さっきLがおったけど、べろべろに酔ってたで」

Lさんは眼をつぶり、ふらふら揺れながら路上に立っていたという。どこにいたのか訊いたら、さっきのホテルの前らしい。Eさんたちが見にいくと、やはりそこに立っていた。腐乱屍体と毛布はすでになかったが、おなじ場所である。

「ここでなにしてんねん」

と訊いても意味不明なことを、ぶつぶつつぶやいている。

Eさんたちはそのまま放っておけず、Lさんを居酒屋に連れていった。が、何分と経たないうちに姿を消した。

まさかと思いつつホテルにいくと、毛布があった場所にLさんが立っていた。話しかけても要領を得ないし気味が悪いから、あきらめて居酒屋にもどった。

それ以来、あのホテルの前でLさんを見かけたと、あちこちで耳にした。以前とおなじように、ふらふら揺れながら意味不明なことをつぶやいているらしい。

「あいつは、なにかにとり憑かれたんちゃうか」

友人たちはそう噂した。

ある夜、Eさんが例のホテルの前を通りかかったら、Lさんが立っていた。Lさんは眼をつぶっていて、声をかけても反応はない。ふと視線を感じてあたりを見ると、ホテルの窓から誰かがこっちを見おろしていた。

室内の明かりが逆光になってシルエットしか見えないが、両手の掌と顔を窓にぴったりつけているのがわかる。しかもそれは、ひとつだけではなかった。

ホテルのほかの窓や隣のアパートの窓にも、おなじシルエットがある。Eさんは得体のしれない恐怖に駆られ、急ぎ足で立ち去った。

「Eさんの実家はそのホテルの近所やけど、Lさんに会うの怖いから、そこは通らんようにしたていうとった」

そのホテルを「大島てる」で検索すると、事故物件を示す炎のマークが四つあった。周辺も炎のマークだらけで、Eさんが幼いころの体験を彷彿(ほうふつ)とさせる。

# ひかがみ

上間はKさんという男性から、こんな話を聞いた。

二十年ほど前の夏だった。大学生だったKさんは同級生の友人と旅行の計画をたてた。はたちになった記念にどこへいこうか話しあった結果、

「縁起がいい場所ってことで、日本一高い富士山にしました」

ふたりはＪＲの普通列車などが乗り放題になる「青春18きっぷ」を利用して、郷里の熊本を出発した。旅の途中、当時普及しはじめたコンパクトデジカメで、あちこち撮影した。三日がかりで静岡に着き、ようやく富士山を見たふたりは達成感に満ちあふれたが、これで帰るのもさびしい気がした。

「せっかくだから樹海を探検しようと思って——」

雑貨屋で懐中電灯と目印に使うビニール紐を買った。

Kさんたちは長いあいだバスに揺られて山梨県へいき、青木ヶ原樹海に近い民宿に

いった。民宿の女将は今夜は宿泊客がおらず、料理もだせないという。素泊まりでよければといわれて、泊まることにした。

女将に案内されたのは、二階にある八畳ほどの和室だった。ふたりは布団を敷いて昼寝をしたあと、女将に自転車を借りて食べものを買いにいき、樹海の下見をした。

夕方になって民宿にもどると、女将は近くにある自宅に帰った。用があったら帳場の電話で連絡してくれという。

十時をまわったころ、Kさんと友人は民宿をでて樹海に入った。

懐中電灯で森を照らし、ビニール紐を木に結びつけて奥へと進んだ。探検にはきたものの、いくあてはないし、歩きづらいのでくたびれる。適当な場所で休憩をとり、Kさんはコンパクトデジカメで友人を何枚か撮影した。

画像を確認すると、笑顔でピースする友人のそばに白い靄が写っていた。一枚目、二枚目と白い靄は増えていき、三枚目は友人の姿が靄で覆われていた。撮影したとき、こんな靄はなかった。

「気味が悪いから友だちには見せませんでした。ぼくはもう帰ろうっていって——」

ビニール紐を巻きとりながら森のなかをひきかえしたが、なにかがついてきているように思えて落ちつかない。大声で歌をうたって気をまぎらわせた。

木々のむこうに民宿の明かりが見えてきたとき、膝の裏——ひかがみを誰かにつかまれた感触があった。思わず悲鳴をあげて走りだすと、友人もあとを追ってきた。

ふたりは民宿に駆けこんで二階にあがり、自分たちの部屋に入った。気分が落ちついてくると、笑いがこみあげてきた。

「膝の裏をつかまれた気がしたけど、木の枝か岩があたっただけだと思ったんです。それだけで大あわてしたのがおかしくて——」

ふたりは顔を見あわせて笑い転げた。

明かりを消して布団に入ったら、まもなく目蓋が重くなった。

朝になって眼を覚ますと、友人はまだ眠っていた。友人はなぜか部屋の入口の前に布団を敷いていて、引戸に足をむけている。

「寝相の悪い奴だと思いました」

やがて眼を覚ました友人は、やけに顔色が悪かった。友人はおびえたような眼でこっちを見る。なにかあったのかと訊いたら、

「ゆうべは大変だったんだぞって——」

ゆうべKさんが眠ったあと、彼はなかなか寝つけなかった。

ぼんやり天井を見つめていると、階下で足音がした。女将がもどってきたのかと思ったが、足音はひとりではない。

何人もの足音がしだいに大きくなって、階段をのぼってきた。入口の引戸に鍵はかけてある。しかし簡素な掛け金だから心もとない。

彼は布団を入口の前までひきずっていき、足で引戸を押さえた。何人もの足音は廊下を行き来しており、ぼそぼそ話し声がする。

「これは民宿のひとじゃない」

そう思ったとたん、引戸が動いた。誰かが引戸を開けようとしている。彼は足を突っぱって引戸を押さえた。むこうにいる誰かが力をこめているのがわかる。必死で足を突っぱっていたら、部屋のなかからバリバリと音がした。

「誰か入ってきた――」

ぎょっとして後ろを見ると、Kさんがあおむけに寝たまま両手を伸ばしていた。後ろへでんぐりがえしをするように掌を逆さにして、畳を爪でひっ掻いている。

とうとうKさんまでおかしくなった。なにかにとり憑かれたのだと思ったところで、記憶は途切れた。

Kさんは友人からそんな話を聞いたが、まったくおぼえていない。友人はまだ怖がっていて、早く民宿をでようという。布団を畳んで服を着替えていたら、

「おまえ、それ――」

友人がひかがみを指さした。

そこに眼をやると、赤くちいさな指の痕がくっきりついていた。

## 湖面に浮かぶもの

今年の五月、上間は青木ヶ原樹海へ取材にいった。

糸柳からは樹海に入るよう指示されていたが、遊歩道を歩くだけですませた。遊歩道にいる限りは安全で、すがすがしい空気と美しい景観を楽しめる。

「糸柳は、ぼくに樹海で迷って欲しかったみたいだけど——それって怪異じゃなくて、ただの遭難ですよね」

夜は前述のKさんたちが泊まった民宿ですごした。しかし、ふつうに感じのいい宿で怪異はなにも起こらず、そういう話も聞けなかった。

翌日、上間は青木ヶ原樹海に接した西湖へむかった。

一九六六年九月、台風がもたらした記録的な大雨により、西湖湖畔で土石流が発生した。土石流はふたつの集落を押し流し、死者・行方不明者九十四名という大惨事となった。被災したふたつの集落は移転し、民宿村として復興を遂げた。

上間は西湖周辺をまわり、Mさんという六十代の男性に取材した。Mさんは近くで民宿を経営する男性から、こんな話を聞いたという。

ある日の午後、その民宿にUさんという男性客が泊まりにきた。

以前も何度かきた客で、目当ては釣りである。西湖ではおもにヒメマス、ヘラブナ、ワカサギ、ブラックバスなどが釣れる。

Uさんはチェックインをすませてまもなく、竿を担いででかけていった。大物を釣ってやるとはりきっていたから、もどってくるのは夕方だろうと思った。

ところが何時間も経たないうちに、Uさんはあわてた様子でもどってきた。釣果はないようだし顔が青ざめている。民宿の主人は気になって、

「なにかあったんですか」

Uさんはかぶりを振るだけで答えなかった。

翌朝になると、Uさんはすっかり元気をとりもどした。

「きょうは、きのうとちがうポイントを狙うよ」

Uさんが釣りにでかけてしばらく経って、知人から電話があった。近くの湖畔で遺

体が見つかり、いま警官や野次馬がきて騒ぎになっているという。

その夜、Uさんは疲れきった表情で民宿にもどってきた。湖畔で遺体を発見したのはUさんだった。いままで警察の事情聴取を受けていたと聞いて、

「それは大変でしたね」

と主人はいった。Uさんはうなずいて、それがね、とつぶやいた。

「きのうから、おかしかったんだ」

きのう民宿をでてから、ひと気のない場所を選んで釣りをはじめた。

まもなく大きなアタリがあったので、逸る気持を抑えてリールを巻きとっていくと、湖面になにか浮かんできた。もう釣れたのかと思ったが、竿から伝わる感触からして、魚はまだ水中にいるはずだ。

眼を凝らしたら、赤黒く膨らんだそれは赤ん坊の遺体だった。

「もう魚のことなんか忘れて、ぼーっとしてた」

すこしして赤ん坊の遺体は、とぷん、と音をたてて水中に沈んだ。

とたんに寒気がして、いたたまれなくなった。Uさんは釣りを続ける意欲が失せて、急いで民宿にもどったという。

「自分が見たものが信じられなくてね――いや、信じたくなかった」

なにかの見まちがいだと思うことにした。が、おなじ場所にはもういきたくないから、けさは一キロほど離れたポイントで糸を垂らした。さっそく強いアタリがあってリールを巻きはじめたら、赤黒いものが湖面に浮かびあがった。

見おぼえのある赤ん坊だった。

きのうの場所とは一キロも離れているのに、どうしてまた自分の前にあらわれたのか。赤ん坊はきのうとちがって、いつまで経っても沈まない。

「もうどうしようもないと思って、警察に電話した」

警官が到着して捜索がはじまると、赤ん坊の母親と思われる遺体も発見された。のちに判明したところでは、ふたりはやはり親子で入水自殺だった。

Uさんはそれ以降、民宿にくることはなかったという。

上間に前述の話をしてくれたMさんは、かつて地元の消防団員だった。

消防団員は火災や大規模災害時に消火や救出活動をするが、この地域ではかつて年に一度「青木ヶ原樹海 合同一斉大捜索」がおこなわれていた。「青木ヶ原樹海 合同一斉大捜索」は警官、消防団員、防犯協会の職員が三、四百人集まって、樹海を捜索する。Mさんも毎年それに参加した。

捜索は午前八時半からで、事前にグループと担当エリアを決めて出発する。Mさんのグループは二十五人ほどで、担当エリアの遊歩道を中心に五メートルの間隔をあけて横にならび、その隊列のまま樹海を進んでいく。

遺体を発見した場合は「いたぞー」と大声をあげて、団員たちに知らせる。団長が遺体を確認したら無線で捜索本部に連絡し、発見者はその場で待機、団員一名が警官を呼びにいく。ほかの団員は、遺体の発見現場から遊歩道まで数メートルの間隔をあけてならび、警官を誘導する。

自殺の方法は縊死――首吊りか服毒が多い。樹海の樹木は溶岩の上に根を張っているせいで大きな木が育ちにくく、縊死した遺体はそれほど高い位置にはない。

Mさんは消防団員として二十年にわたる活動のなかで、何度となく遺体を目にした。蟻や蝿がたかった真っ黒な遺体、おびただしい蛆が全身に蠢く遺体、動物に喰い荒らされて原型をとどめない遺体、肉が剝げ落ちた顔に苦悶の表情を浮かべた遺体。

「ああいうのを見ると、樹海で死ぬのはぜったい厭だと思ったね」

消防団の後輩にWさんという二十代の男性がいた。

Wさんは明るい性格で、いつも軽口を叩いている。消防団員としてのキャリアはまだ足りないが、なぜか樹海の捜索では異様な能力を発揮した。

「あのう、こっちへいってみませんか」

Wさんがいう方向へいってみると、不思議なくらい遺体が見つかる。はじめは偶然だと思ったが、何度もそれが重なって、いつしか彼はこう呼ばれた。

樹海ソムリエ。

むろん百パーセント遺体が見つかるわけではない。しかしやみくもに歩くよりも、はるかに確率は高く、Wさんがなにもいわないと遺体は発見できなかった。

やがて消防団では担当エリアを決める段階から、Wさんの意見を聞くようになった。なぜ遺体のある場所がわかるのか訊くと、自分でもよくわからないが、ピンとくるという。

ある年の「青木ヶ原樹海 合同一斉大捜索」は集合時間まで雨が降っていた。出発直前にやんで安堵したが、雨に濡れた樹海を歩くのは気が重かった。

Mさんたち消防団員は、横一列にならんで森のなかを進んだ。いつもどおりWさんに進行方向を相談したのに、しばらく経っても遺体は見つからない。何度目かの休憩のとき、Mさんはいった。

「樹海ソムリエの予想は、ありがたいことに空振りやな」

「このあたりだと思うんですけどねえ」

Wさんは首をかしげた。

休憩が終わって歩きだしたら「いたぞー」と叫ぶ声がした。しかし近くにいっても遺体はない。あたりを見まわしていたら、発見者の団員が頭上を指さして、

「あそこです」

地上から五メートルはある高い木の枝で、三十代くらいの体格のいい男性が首を吊

っていた。腐敗はそれほど進んでいないが、縊死体の常で首が長く伸びている。

「やっぱり、いましたね」

樹海ソムリエはそういって合掌した。

樹海で高い木は珍しいし、遺体はたいてい低い位置にあるので見逃していた。それにしても、あんなところまで、どうやってのぼったのか。あたりに脚立や椅子はない。しかしもっとも不可解だったのは、

「その遺体は黒い傘をさしていたんです」

傘は手や軀に縛りつけてあるわけでもないのに、なぜ落ちなかったのか。なんのために傘をさしたのか。理由はまったくわからなかった。

# 男の顔

今年の一月下旬、福澤は打ちあわせのために上京した。

その際、元書店員のＹさんという女性から、こんな話を聞いた。

三十年ほど前、彼女は吉祥寺のマンションに引っ越した。当時の賃貸物件はエアコンがついてないのがふつうだったが、新居には真新しいエアコンがあったので得をした気分になった。

その部屋に住みはじめてまもない天気のいい午後だった。

ソファで横になっていたら、いきなり軀が動かなくなった。眠っていたわけではなく意識は明確で、室内にはうららかな陽光が射している。にもかかわらず、まったく身動きができない。

それまでそんな経験がなかったので、なにが起きたのかわからなかった。軀の上に重たいものが乗っているような感覚に、

「どうなってるんだろう――」

不思議に思っていたら、眼の前に男の顔が浮かびあがった。

Yさんはぎょっとしたが、声もだせない。もっとも真っ昼間とあって怖くはなかった。男はごくふつうの顔だちで、髪はきちんと整っている。

「顔が血まみれとか、白眼を剝いてるとか、そんなのじゃなかったんで」

三十代後半くらいの男は、すこし憂いを帯びた表情でこっちを見つめていたが、顔に見おぼえはない。いったい誰なのかと考えていると、不意に軀が自由になって男の顔は消えていた。

それが生まれてはじめての金縛りだった。

Yさんはその日を境にして、ときおり金縛りに遭うようになった。パターンはいつもおなじで、昼でも夜でも軀が急に動かなくなって、あの男の顔があらわれる。男はなにもしゃべらず、こっちをじっと見つめるだけだ。

「もともと大ざっぱな性格なんで、じきに慣れちゃいました。なにか悪さをするわけじゃないし、体調を崩すわけでもない。まっ、いいかって思ってました」

ただ不思議なのはたしかだから、女友だちに話したら、

「ほんとに部屋に入ってきてるんじゃない？　気をつけなきゃだめよ」

しかし部屋は施錠してあるし、生身の人間とは思えない。

ある日、Yさんはその女友だちと行きつけの喫茶店にいった。店は自宅から近く、マスターとは顔なじみで居心地がいい。

ふたりでしゃべっていたらドアが開いて、あの男が入ってきた。髪型も顔も寸分たがわない。Yさんははじめて金縛りに遭ったときよりも驚き、急に怖くなった。Yさんは声をひそめて、ほらほら、ちょっと見てッ、といった。

「いま入ってきたの、前に話した金縛りのひと」

「え？」

「ほんとだってば。ぜったいまちがいない」

「またまたあ」

女友だちは笑ったが、Yさんは真剣だった。

「そのひとの様子を一ミリでも見逃すまいと思って、眼は釘付けでした」

男はマスターと顔見知りらしく、立ち話をしている。耳を澄ませたが、会話の内容は聞きとれない。やがて男は笑顔で片手をあげ、

「じゃあまた」

店をでていった。

Yさんはすぐさまマスターを呼んで、男の素性を訊いた。Yさんは金縛りのことはいわず、以前どこかで見かけた気がするからといった。マスターによると、男はむかいにある会社の事務員で、以前はよく店にきていたという。

男は同僚の女性と婚約していたが、結婚直前で破談になった。それで気まずくなったのか、男はべつの支店に移動した。

「そこで知りあったべつの女性と結婚することになって、その報告にきたそうです。前の女性と破談になったときは、マスターに心配かけたからって――」

あのひととは、この店で会ってるはずだよ、とマスターはいったが、そんな記憶はまったくない。無意識のうちに顔をおぼえて、それが金縛りのときにあらわれたのか。

だとしても納得がいかずにいると、マスターがいった。

「あいつの婚約者は、すぐそこの××コーポに住んでてさ。あいつはしょっちゅう遊びにいってたんだけど、その子も引っ越しちゃって――」

Yさんはそれを聞いた瞬間、背筋が凍りついた。××コーポは自分がいま住んでい

るマンションだ。まさかと思いつつ、さらに詳細を訊くと、

「ぜんぶが一致したんです。あのひとと婚約してた女性は自費でつけたエアコンを残したまま引っ越したとか、部屋を仲介した不動産会社とか、マンションの大家の名前とか——」

元婚約者が引っ越したあと、おなじ部屋に入居したのがYさんだった。

「あのひとは元婚約者が引っ越したのを知らずに、自分の思いを飛ばしてたんじゃないかって思うんです。でも部屋にきたら彼女じゃなく、わたしがいるんでがっかりして——」

すこし憂いを帯びた表情はそのせいではないかとYさんはいった。

彼女はそれ以降、金縛りには遭っていない。

# 割れた鏡

　これもYさんから聞いた話である。

　彼女の知人にMさんという女性がいる。Mさんはバイトのかたわらバンドのドラマーとして活動していた。彼女が所属するバンドは、ツアースケジュールを組んで地方のライブハウスをまわることが多かった。予算がないから、移動のときはメンバーが交替でワンボックスカーを運転する。

　その日も関東近辺でライブを終え、ワンボックスカーで高速を走っていた。車内には、さっきのライブを録音したテープが流れている。

「ここはよかったね」

「次はもっとアレンジしようよ」

　みんなでそんな話をしていたら、パリンッ、とガラスが割れたような音がした。なにが割れたのか。みんなは腰を浮かせて車内を調べたが、それらしいものはない。きようのライブはワンドリンク制だったから、誰かがグラスを落とした音が録音されたのだろう。

ライブのあとだけにみんな空腹だったので、サービスエリアに車を停めて食事をした。食事のあと車にもどったら、Mさんが坐っていた座席に割れた大きな鏡があった。鏡は粉々に割れていたが、もとは円形だったとわかる。メンバーのものではないから、みんな首をかしげた。

「飯喰ってるとき、誰かが置いたのかな」

そんなことをする誰かはいそうもない。仮にいたとしても、車のドアはロックされていたし、窓も閉まっている。

そのとき誰かが、あッ、と声をあげた。

「さっきのパリンッて音――」

みんなは、しんとして顔を見あわせた。

あれは、この鏡が割れた音にちがいない。しかし音がしたあと座席も調べたから、それまで鏡はなかったと断言できる。そもそも鏡の上に腰をおろしたら違和感があるはずだ。わけがわからぬまま、バンドのリーダーが鏡を捨てた。

その後、怪異はなにも起きなかったが、Mさんは完治が困難な難病に罹り、バイトもバンドも辞めた。現在は病と折りあいをつけつつ生活しているという。

## 黄色いスーツケース

怪談社はユーチューブで怪談番組の配信を定期的におこなっている。

今年の三月十一日にはライブ配信でゲストを迎え、一般の視聴者にもズームで怪談実話を語ってもらった。次の話は怪談作家の朱雀門出(すざくもんいずる)さんが語った話を、ご本人の許可を得て書き起こしたものである。


ある日の夕方、東京都内に住むAさんという女性が自宅へむかって歩いていた。すると住宅街の細い路地のむこうから、黄色いスーツケースがこっちへむかってきた。ごろごろとキャスターの音がするが、まわりには誰もいない。坂道ではないので、ひとりでに動くはずはない。

奇妙に思って足を止めると、スーツケースはAさんのすぐそばで止まった。高さは七、八十センチくらいで特に変わったところはない。と思ったら、どこからか幼い男

の子があらわれて、Aさんをにらむと、

「邪魔だから、どけ」

子どもとは思えない口調でいった。

Aさんがとまどっていたら、男の子は続けて、

「いまから東京駅に、お婆ちゃんを捨てにいくから」

Aさんは、黄色いスーツケースのなかに老婆の屍体が入っているのを想像した。わけのわからない恐怖に身動きできずにいると、スーツケースはふたたび動きだした。ごろごろと音をたてながら彼女の横を通りすぎたが、いつのまにか男の子はおらず、スーツケースだけが路地を進んでいった。

その方向には、たしかに東京駅がある。

とはいえスーツケースがひとりでに動くだけでも不思議なのに、そのなかに老婆の屍体があるとは考えられない。さっきの男の子もスーツケースも、たぶん幻覚だと思った。しかし自分が見たのはたしかだから、何人かに話してみた。

「でも誰にも信じてもらえませんでした」

Aさんは朱雀門さんに会って、そういった。朱雀門さんは彼女の体験を聞いて、東京駅で屍体が発見されたというニュースをなにかで読んだような気がした。

「そんなニュースをネットで調べたことありますか」

朱雀門さんが訊ねたら、ありません、とAさんは答えた。朱雀門さんがその場で「東京駅」「屍体」「スーツケース」といったキーワードで検索すると「東京駅コインロッカー内死体遺棄事件」がヒットした。

その事件の詳細がAさんの体験を想起させるものだったので、彼女も朱雀門さんも戦慄した。以上が朱雀門さんがライブ配信で語った話のあらましである（ライブ配信ではAさんではなく三十代の女性としか言及されていないが、本稿では便宜上Aさんとした）。

この原稿を書くにあたって、東京駅コインロッカー内死体遺棄事件をネットで調べると、警視庁が情報提供を求めるポスターの画像があった。それには腐乱屍体で発見された高齢の女性の似顔絵（べつのポスターには遺体のデータをもとに頭蓋骨の模型を作り、そこに樹脂で肉づけして再現した「復顔」の写真もあった）と、遺体が発見されたキャリーバッグの写真が掲載されていた。

Aさんが見たのはスーツケースでキャリーバッグではないが、呼びかたがちがうだけで、ほとんど同義である。キャリーバッグの高さは七十三センチ、色は黄色だった。

当初キャリーバッグは、ＪＲ東京駅丸の内南口改札付近のコインロッカーに入れられていた。しかしコインロッカーは無施錠だったため、駅構内の一時保管庫に移された。ひと月の保管期限がすぎた二〇一五年五月、駅職員がキャリーバッグを開けたところ、腐乱した女性の遺体が発見された。

女性の身元はいまだに不明で、事件は未解決である。

# 樹海の穴

今年の四月、糸柳は取材を兼ねた呑み会で、竜宮洞穴の話をした。

すると同席していたDさんという男性が、

「わたしの知りあいも、よく似た体験をしています」

といった。さっそく話を聞くと、次のような内容だった。

Tさんという男性の話である。

三十年ほど前、Tさんは職場のパワハラに悩んでいた。

毎日のように上司から罵倒される。とうていこなせない量の仕事を押しつけられる。同僚のミスを自分のせいにされる。パワハラという言葉がない時代だけにTさんは誰にも相談できず、憔悴(しょうすい)しきっていた。

ある朝、Tさんはワイシャツにネクタイを締め、スーツを着たが、不意に出勤する意欲が失せた。いまから満員電車に乗って会社にいき、上司に怒鳴られながらサービス残業をするのは、もううんざりだった。

「実は——転職を考えてるんだ」

玄関でそう切りだしたら妻は眼を吊りあげて、

「なにバカなこといってんの。転職なんかしたら給料がさがるじゃない」

さんざん文句をいわれて、しぶしぶ出勤した。

その日も上司に怒鳴られ、同僚から嫌みをいわれたが、頭のなかは空っぽだった。

Tさんはふらふら会社をでると電車に乗った。何度か乗りかえて山梨県の河口湖駅で電車をおり、そこからバスに乗った。

青木ヶ原樹海に着いたときは、陽が暮れかけていた。

スーツにネクタイとあって、遊歩道から森へ足を踏み入れようとしたら、

「あんた、そこに入っちゃいかんよ」

通りかかった初老の男に見咎められた。

「もう、いいんですよ」

投げやりに答えると、男はかぶりを振って通りすぎた。引き止められるかと思った

だけに、ますます落ちこんで森のなかに入った。自殺するつもりでここまできたが、急に思いたったせいで、なんの用意もしていない。

首を吊るロープもなければ睡眠薬のたぐいもないから、あたりをうろつくばかりだった。そのうち空腹をおぼえて、

「なにか喰ってから死のう」

遊歩道にもどろうとしたが、方向がわからなくなった。あたりはしだいに暗くなって、苔むして地表をくねくね這う木の根や、ところどころに落ちている服や空き缶が不気味だった。

もう樹海からはでられそうもない。

Tさんは死ぬ覚悟を決めて、起伏が烈しく硬い地面に足をとられつつ歩いた。自分の人生は、いったいなんだったのか。なんのために生きてきたのか。幼いころから、いままでの記憶が脳裏をよぎる。

ふと森の奥から肥った女が歩いてきた。うつむいていて顔色が悪い。女は無言で通りすぎたが、こんな場所にいるということは死ぬつもりなのだろう。死ぬのは自分だけじゃないと思ったら、心強く感じた。

しばらくしてリュックを担いだ若い男が歩いてきた。

「こんにちは」

男は軽く頭をさげたので会釈をかえした。すれちがってから振りかえると、腰のベルトに包丁をさしていた。Tさんは怖くなって足を早めた。すこしして振りかえると、男は立ち止まってこっちを見ていた。

一段と足を早めてまた振りかえったら、あたりは真っ暗でなにも見えなかった。夜の樹海は完全な闇である。もはや自分の足元さえさだかでない。Tさんは手探りで這うようにして闇のなかを進んだ。

ざーッという葉擦れの音や動物の鳴き声に軀がすくむ。ときおり遠くで人間の足音がする。さっきの男が追ってきているのかもしれない。死ぬのはいいが、殺されるのは厭だった。といって逃げる方向がわからない。

足音を聞かれないよう地面にうずくまっていると、闇のなかから光が近づいてきた。その光は頭につけたヘッドランプだった。ヘッドランプはなにかを捜しているように左右に揺れる。さっきの男だと思って、にわかに鼓動が速くなった。

じっと息をひそめているとヘッドランプの光は遠ざかった。が、またもどってきたら恐ろしい。あてもなく地面を這いまわっていたら、穴のようなくぼんだ場所があった。Tさんはそこに入りこんで軀を横たえた。疲れきっていたので、いつのまにか眠っていた。

眼を覚ますと、木々のあいだから朝の光が射していた。

あたりを見まわすと、眼の前に白骨化した遺体があった。ずいぶん古いもののようで頭蓋骨に緑色の苔が生えている。Tさんはあわてて穴から這いだした。

早く遺体から離れたくて森のなかを急いでいたら、消防団員の男性たちにばったり会った。さっきまでいた穴に遺体があったことを話したら、そこまで案内して欲しいといわれた。

消防団員たちを穴まで連れていくと、ひとりがあきれた表情で、

「あんたひと晩じゅう、ここにいたの」

Tさんはうなずいた。

「おれたちはきのう、あれを見つけたから回収にきたんだ」

消防団員は穴の真上を指さした。

上を見あげたら、木の枝にかけたロープで首を吊った遺体が二体もあった。

Tさんは消防団員のひとりに付き添われて、自殺志願者を保護するらしい施設に連れていかれた。トイレで鏡を見ると、顔もスーツも泥だらけだった。泥はところどこ

ろ、人間の手の形をしていた。消防団員にそのことをいったら、

「そりゃそうでしょうね」

無愛想に答えたという。

# あとがき

これまで刊行された『忌み地』三巻は、電子書籍やオーディブルでも配信されている。オーディブルとは、プロの声優が書籍を朗読する音声コンテンツで「聴く読書」とも呼ばれている。

去年の十一月、担当編集者からメールが届いた。『忌み地』一巻目の収録後、音源をチェックすると収録中には聞こえなかった大きなノイズが入っており、再収録をおこなった。

再収録の際には、声優の私物だったボールペンがこれといった原因もないのに破損して、スタジオに捨てて帰ったという。三巻目の収録中にも似たようなノイズが入り、再収録を余儀なくされた。オーディブルの収録には、いつもおなじスタジオを使うが、いままでこんなことはなかった。メールにはそう書いてあった。

わたしはノイズが入った音源を聞いてみたくて、編集者経由で送って欲しいと頼んだ。スタジオからの返答は、ノイズの原因がなんであろうと担当エンジニアの不手際になるので、送ることはできないとのことだった。

わたしは、さすがプロだと思った。と同時にそれほどこだわりを持った収録に、なぜノイズが入ったのか不思議でもあった。糸柳とわたしは、さらなる怪異が起きたほうが売上げにつながるので不謹慎な期待をしたが、三巻目も無事に収録は終わった。

ただスタジオとの窓口であるデジタル部門の担当者は『忌み地』を読んだのがきっかけで、事故物件に興味を持ち「大島てる」で自宅のマンションを検索した。すると、まさしくそこは事故物件で「腐敗臭」と書かれていたという。


本書に収録された各話は実話に基づくが、体験者のプライバシーや実際の事件との関係を考慮して、人物の設定やその背景に若干の変更を加えてある。また実名を記しても近隣への影響がないと判断した場所以外はイニシャル表記とした。

取材にご協力いただいた多くの皆様をはじめ、講談社文庫出版部の小林龍之さんに心より厚く御礼を申しあげる。

本書は書下ろしです。

|著者| 福澤徹三　小説家。『黒い百物語』『忌談』『怖の日常』など怪談実話から『真夜中の金魚』『死に金』などアウトロー小説、『灰色の犬』『群青の魚』などの警察小説まで幅広く執筆。2008年『すじぼり』で第10回大藪春彦賞を受賞。『東京難民』は映画化、『白日の鴉』はドラマ化、『俠飯』『Ｉターン』はドラマ化・コミカライズされた。他の著書に『作家ごはん』『羊の国の「イリヤ」』などがある。

|著者| 糸柳寿昭　実話怪談師。全国各地で蒐集した実話怪談を書籍の刊行やトークイベントで発表する団体「怪談社」を主宰。単著として『怪談聖 おどろかいわ』などがあり、怪談社の著作に『怪談社 THE BEST 鬼の章』『怪談社書記録 蛇ノ目の女』など多数。狩野英孝が司会を務めるCS番組「怪談のシーハナ聞かせてよ。」に、本作に登場する怪談社・上間月貴とレギュラー出演中。本書は福澤徹三と共著の『忌み地』『忌み地 弐』『忌み地 惨』続編となる。

忌み地 屍　怪談社奇聞録

福澤徹三｜糸柳寿昭

講談社文庫

定価はカバーに
表示してあります

2023年８月10日第１刷発行

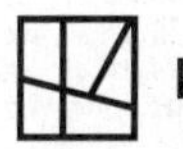

KODANSHA

発行者――髙橋明男
発行所――株式会社　講談社
東京都文京区音羽2-12-21　〒112-8001
電話　出版（03）5395-3510
　　　販売（03）5395-5817
　　　業務（03）5395-3615

Printed in Japan

デザイン―菊地信義
本文データ制作―講談社デジタル製作
印刷―――株式会社KPSプロダクツ
製本―――株式会社国宝社



ISBN978-4-06-532787-6

# 講談社文庫刊行の辞

二十一世紀の到来を目睫に望みながら、われわれはいま、人類史上かつて例を見ない巨大な転換期をむかえようとしている。

世界も、日本も、激動の予兆に対する期待とおののきを内に蔵して、未知の時代に歩み入ろうとしている。このときにあたり、創業の人野間清治の「ナショナル・エデュケイター」への志を現代に甦らせようと意図して、われわれはここに古今の文芸作品はいうまでもなく、ひろく人文・社会・自然の諸科学から東西の名著を網羅する、新しい綜合文庫の発刊を決意した。

激動の転換期はまた断絶の時代である。われわれは戦後二十五年間の出版文化のありかたへの深い反省をこめて、この断絶の時代にあえて人間的な持続を求めようとする。いたずらに浮薄な商業主義のあだ花を追い求めることなく、長期にわたって良書に生命をあたえようとつとめるところにしか、今後の出版文化の真の繁栄はあり得ないと信じるからである。

同時にわれわれはこの綜合文庫の刊行を通じて、人文・社会・自然の諸科学が、結局人間の学にほかならないことを立証しようと願っている。かつて知識とは、「汝自身を知る」ことにつきていた。現代社会の瑣末な情報の氾濫のなかから、力強い知識の源泉を掘り起し、技術文明のただなかに、生きた人間の姿を復活させること。それこそわれわれの切なる希求である。

われわれは権威に盲従せず、俗流に媚びることなく、渾然一体となって日本の「草の根」をかたちづくる若く新しい世代の人々に、心をこめてこの新しい綜合文庫をおくり届けたい。それは知識の泉であるとともに感受性のふるさとであり、もっとも有機的に組織され、社会に開かれた万人のための大学をめざしている。大方の支援と協力を衷心より切望してやまない。

一九七一年七月

野間省一

講談社文芸文庫 

伊藤痴遊

隠れたる事実

# 明治裏面史

歴史の九割以上は人間関係である！　講談師にして自由民権の闘士が巧みな文辞で説く、維新の光と影。新政府の基盤が固まるまでに、いったいなにがあったのか？

解説=木村　洋

いZ1
978-4-06-512927-2

伊藤痴遊

続　隠れたる事実

# 明治裏面史

維新の三傑の死から自由民権運動の盛衰、日清・日露の栄光の勝利を説く稀代の講釈師は過激事件の顛末や多くの疑獄も見逃さない。戦前の人びとを魅了した名調子！

解説=奈良岡聰智

いZ2
978-4-06-532684-8

# 講談社文庫 目録

藤田宜永 女系の教科書
藤田宜永 血の弔旗
藤田宜永 大雪物語
藤 水名子 紅嵐記(上)(中)(下)
藤原伊織 テロリストのパラソル
藤本ひとみ 新・三銃士 少年編・青年編〈ダルタニャンとミラディ〉
藤本ひとみ 皇妃エリザベート
藤本ひとみ 失楽園のイヴ
藤本ひとみ 密室を開ける手
藤本ひとみ 数学者の夏
福井晴敏 亡国のイージス(上)(下)
福井晴敏 終戦のローレライ I～IV
藤原緋沙子 遠花火〈見届け人秋月伊織事件帖〉
藤原緋沙子 春疾風〈見届け人秋月伊織事件帖〉
藤原緋沙子 暖鳥〈見届け人秋月伊織事件帖〉
藤原緋沙子 霧の路〈見届け人秋月伊織事件帖〉
藤原緋沙子 鳴子守〈見届け人秋月伊織事件帖〉
藤原緋沙子 夏ほたる〈見届け人秋月伊織事件帖〉
藤原緋沙子 笛吹川〈見届け人秋月伊織事件帖〉

藤原緋沙子 青嵐〈見届け人秋月伊織事件帖〉
椹野道流 亡羊の嘆〈鬼籍通覧〉
椹野道流 新装版 暁天の星〈鬼籍通覧〉
椹野道流 新装版 無明の闇〈鬼籍通覧〉
椹野道流 新装版 壺中の天〈鬼籍通覧〉
椹野道流 新装版 隻手の声〈鬼籍通覧〉
椹野道流 新装版 禅定の弓〈鬼籍通覧〉
椹野道流 池魚の殃〈鬼籍通覧〉
椹野道流 南柯の夢〈鬼籍通覧〉
深水黎一郎 ミステリー・アリーナ
藤谷 治 花や今宵の
古市憲寿 働き方は「自分」で決める
船瀬俊介 かんたん「1日1食」!!〈万病が治る! 20歳若返る!〉
藤野可織 ピエタとトランジ
古野まほろ 身元不明〈特殊殺人対策官 箱崎ひかり〉
古野まほろ 陰陽少女
古野まほろ 陰陽少女〈妖刀村正殺人事件〉
古野まほろ 禁じられたジュリエット
藤崎 翔 時間を止めてみたんだが

藤井邦夫 大江戸閻魔帳
藤井邦夫 三つの顔〈大江戸閻魔帳(二)〉
藤井邦夫 渡世人〈大江戸閻魔帳(三)〉
藤井邦夫 笑う女〈大江戸閻魔帳(四)〉
藤井邦夫 罰当り〈大江戸閻魔帳(五)〉
藤井邦夫 福の神〈大江戸閻魔帳(六)〉
藤井邦夫 野暮天〈大江戸閻魔帳(七)〉
福澤徹三・糸柳寿昭 忌み地〈怪談社奇聞録〉
福澤徹三 糸柳寿昭 忌み地 弐〈怪談社奇聞録〉
福澤徹三 糸柳寿昭 忌み地 惨〈怪談社奇聞録〉
福澤徹三 作家ごはん
藤井太洋 ハロー・ワールド
藤野嘉子 生き方がラクになる 60歳からは「小さくする」暮らし
富良野 馨 この季節が嘘だとしても
辺見 庸 抵抗論
星 新一 エヌ氏の遊園地
星 新一編 ショートショートの広場①～⑨
本田靖春 不当逮捕
保阪正康 昭和史 七つの謎

堀江敏幸 熊の敷石
本格ミステリ作家クラブ編 ベスト本格ミステリ TOP5〈短編傑作選002〉
本格ミステリ作家クラブ編 ベスト本格ミステリ TOP5〈短編傑作選003〉
本格ミステリ作家クラブ編 ベスト本格ミステリ TOP5〈短編傑作選004〉
本格ミステリ作家クラブ選・編 本格王2019
本格ミステリ作家クラブ選・編 本格王2020
本格ミステリ作家クラブ選・編 本格王2021
本格ミステリ作家クラブ選・編 本格王2022
本格ミステリ作家クラブ選・編 本格王2023
本多孝好 君の隣に
本多孝好 チェーン・ポイズン〈新装版〉
穂村 弘 整形前夜
穂村 弘 ぼくの短歌ノート
穂村 弘 野良猫を尊敬した日
堀川アサコ 幻想郵便局
堀川アサコ 幻想映画館
堀川アサコ 幻想日記店
堀川アサコ 幻想探偵社
堀川アサコ 幻想温泉郷

堀川アサコ 幻想短編集
堀川アサコ 幻想寝台車
堀川アサコ 幻想蒸気船
堀川アサコ 幻想商店街
堀川アサコ 幻想遊園地
堀川アサコ 魔法使ひ
堀川アサコ メゲるときも、すこやかなるときも
本城雅人 境界〈横浜中華街・潜伏捜査〉
本城雅人 スカウト・デイズ
本城雅人 スカウト・バトル
本城雅人 嗤うエース
本城雅人 贅沢のススメ
本城雅人 誉れ高き勇敢なブルーよ
本城雅人 シューメーカーの足音
本城雅人 ミッドナイト・ジャーナル
本城雅人 紙の城
本城雅人 監督の問題
本城雅人 去り際のアーチ〈もう一打席！〉
本城雅人 時代

本城雅人 オールドタイムズ
堀川惠子 裁かれた命〈死刑囚から届いた手紙〉
堀川惠子 死刑の基準〈「永山裁判」が遺したもの〉
堀川惠子 永山則夫〈封印された鑑定記録〉
堀川惠子 教誨師
堀川惠子 戦禍に生きた演劇人たち〈演出家・八田元夫と「桜隊」の悲劇〉
堀川惠子/小笠原信之 チンチン電車と女学生〈1945年8月6日・ヒロシマ〉
誉田哲也 Qros(キュロス)の女
松本清張 草の陰刻
松本清張 黄色い風土
松本清張 黒い樹海
松本清張 ガラスの城
松本清張 殺人行おくのほそ道(上)(下)
松本清張 邪馬台国 清張通史①
松本清張 空白の世紀 清張通史②
松本清張 カミと青銅の迷路 清張通史③
松本清張 天皇と豪族 清張通史④
松本清張 壬申の乱 清張通史⑤
松本清張 古代の終焉 清張通史⑥

## 講談社文庫　目録

松本清張　新装版 増上寺刃傷
松本清張他　日本史七つの謎
松谷みよ子　ちいさいモモちゃん
松谷みよ子　モモちゃんとアカネちゃん
松谷みよ子　アカネちゃんの涙の海
眉村　卓　ねらわれた学園
眉村　卓　なぞの転校生
麻耶雄嵩　翼ある闇〈メルカトル鮎最後の事件〉
麻耶雄嵩　痾
麻耶雄嵩　メルカトルかく語りき
麻耶雄嵩　夏と冬の奏鳴曲〈新装改訂版〉
麻耶雄嵩　神様ゲーム
町田　康　耳そぎ饅頭
町田　康　権現の踊り子
町田　康　浄土
町田　康　猫にかまけて
町田　康　猫のあしあと
町田　康　猫とあほんだら
町田　康　猫のよびごえ
町田　康　真実真正日記
町田　康　宿屋めぐり
町田　康　人間小唄
町田　康　スピンク日記
町田　康　スピンク合財帖
町田　康　スピンクの壺
町田　康　スピンクの笑顔
町田　康　ホサナ
町田　康　猫のエルは
町田　康　記憶の盆をどり
舞城王太郎　煙か土か食い物〈Smoke, Soil or Sacrifices〉
舞城王太郎　好き好き大好き超愛してる。
舞城王太郎　私はあなたの瞳の林檎
舞城王太郎　されど私の可愛い檸檬
真山　仁　虚像の砦
真山　仁　新装版 ハゲタカ(上)(下)
真山　仁　新装版 ハゲタカII(上)(下)
真山　仁　レッドゾーン(上)(下)
真山　仁　グリード〈ハゲタカIV〉(上)(下)
真山　仁　ハーディ〈ハゲタカ2・5〉(上)(下)
真山　仁　スパイラル〈ハゲタカ4・5〉
真山　仁　シンドローム〈ハゲタカ5〉(上)(下)
真山　仁　そして、星の輝く夜がくる
真梨幸子　孤虫症
真梨幸子　深く深く、砂に埋めて
真梨幸子　女ともだち
真梨幸子　えんじ色心中
真梨幸子　カンタベリー・テイルズ
真梨幸子　イヤミス短篇集
真梨幸子　人生相談。
真梨幸子　私が失敗した理由は
真梨幸子　三匹の子豚
真梨幸子　まりも日記
松本裕士　兄弟〈追憶のhide〉
円居　挽／原作 福本伸行　カイジ ファイナルゲーム 小説版
松岡圭祐　探偵の探偵
松岡圭祐　探偵の探偵II
松岡圭祐　探偵の探偵III

2023年6月15日現在